ISHIYA私観 | ジャパニーズ・ハードコア30年史 番外編

右手を失くしたカリスマ MASAMI伝

THE LEGEND OF CHARISMATIC MASAMI WHO LOST HIS RIGHT HAND

新宿トラッシュでのマサミ

新宿トラッシュでのマサミとヒロシ

義手のマサミ。ヒロシと友人と

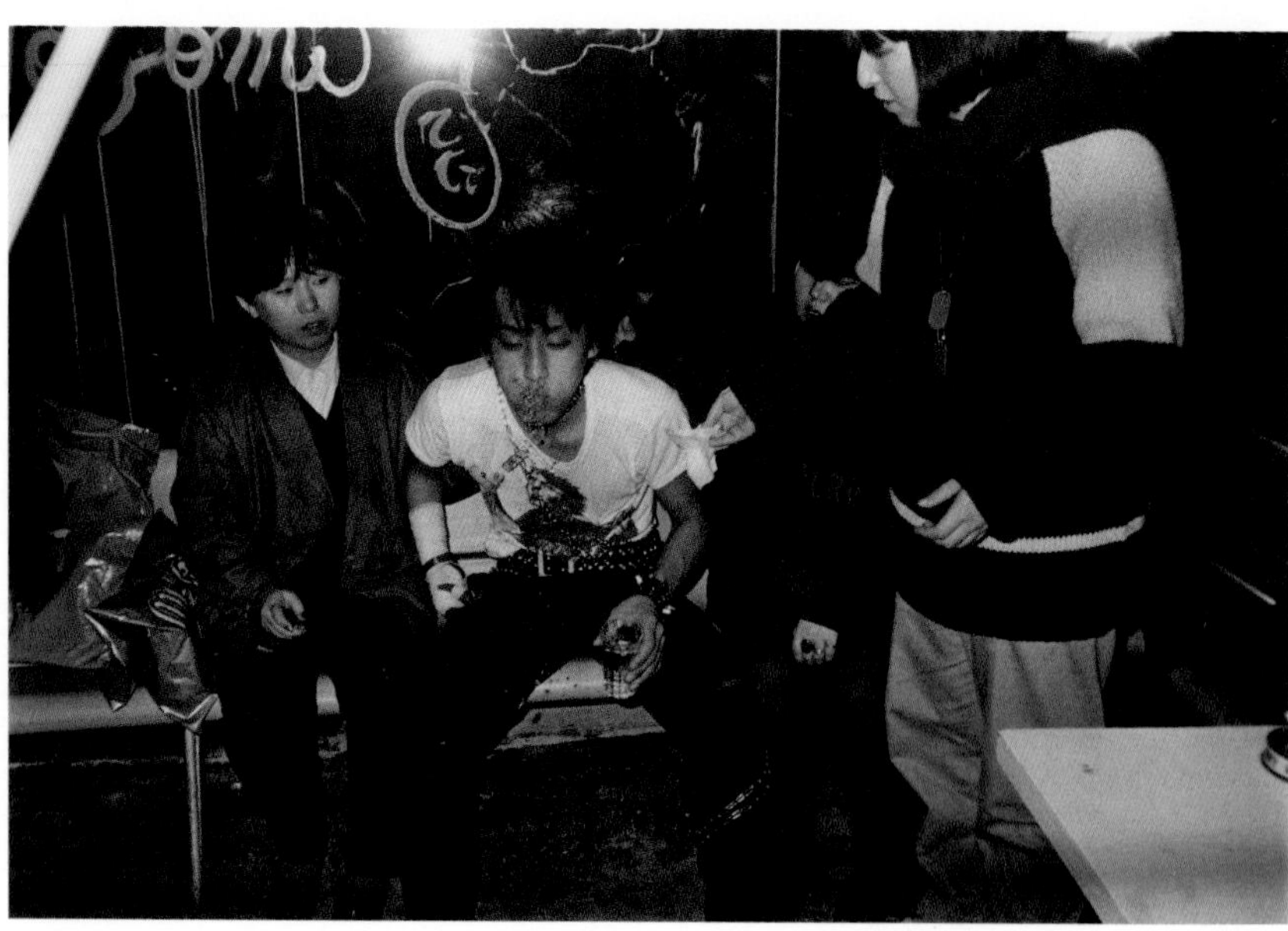

新宿トラッシュでのマサミ

法政大学学生会館大ホール楽屋でのマサミ

渋谷屋根裏でのGHOUL

法政大学学生会館大ホールでのGHOUL　このページまでの撮影：渡辺克巳

「T大オールナイトGIG」でのTHE TRASHオリジナルメンバー

原宿ホコ天「ロードサイドロッカーズ」でバイクに乗るマサミ

1982年9月22日、新宿ロフト「消毒GIG HARD CORE 2DAYS」でのマサミとGAUZEのヒロ　撮影：鈴木美佐

法政大学学生会館大ホール「東京バトルDAYS2」でのGHOUL

渋谷屋根裏で、当時のTHE TRASHメンバー、ローニーとマサミ

居酒屋でのマサミとヒロシ

原宿ホコ天「ロードサイドロッカーズ」でのBAD LOTS
撮影:白川あや

目黒鹿鳴館でのBAD LOTS　撮影:白川あや

六本木クライマックス前でマサミとヒロシ
撮影:鈴木美佐

六本木クライマックス店内で仲間と一緒のマサミ
写真提供:ツバキハウス修一

六本木クライマックス前でのマサミ
写真提供:ツバキハウス修一

目黒鹿鳴館階段でのマサミ、ヒロシ、水上

SOLDIERで出演した日にあのバンドで歌うマサミ
撮影:鈴木美佐

SOLDIERで出演した日にTHE EXECUTEのステージにいるマサミ
撮影:鈴木美佐

極悪ツアーでのMOBSケンジとマサミ　撮影：白川あや

1983年10月28日、屋根裏でBEAR BOMBとローニーなどとマサミ

目黒鹿鳴館でのTHE TRASHデビューライブ

1983年10月28日、屋根裏でのBEAR BIMBとマサミ
撮影：鈴木美佐

六本木クライマックス前でのマサミ
撮影：鈴木美佐

1982年9月22日、新宿ロフト消毒GIG「ハードコア2デイズ」での
マサミとヒロ　撮影：鈴木美佐

BAD LOTS　写真提供：白川あや

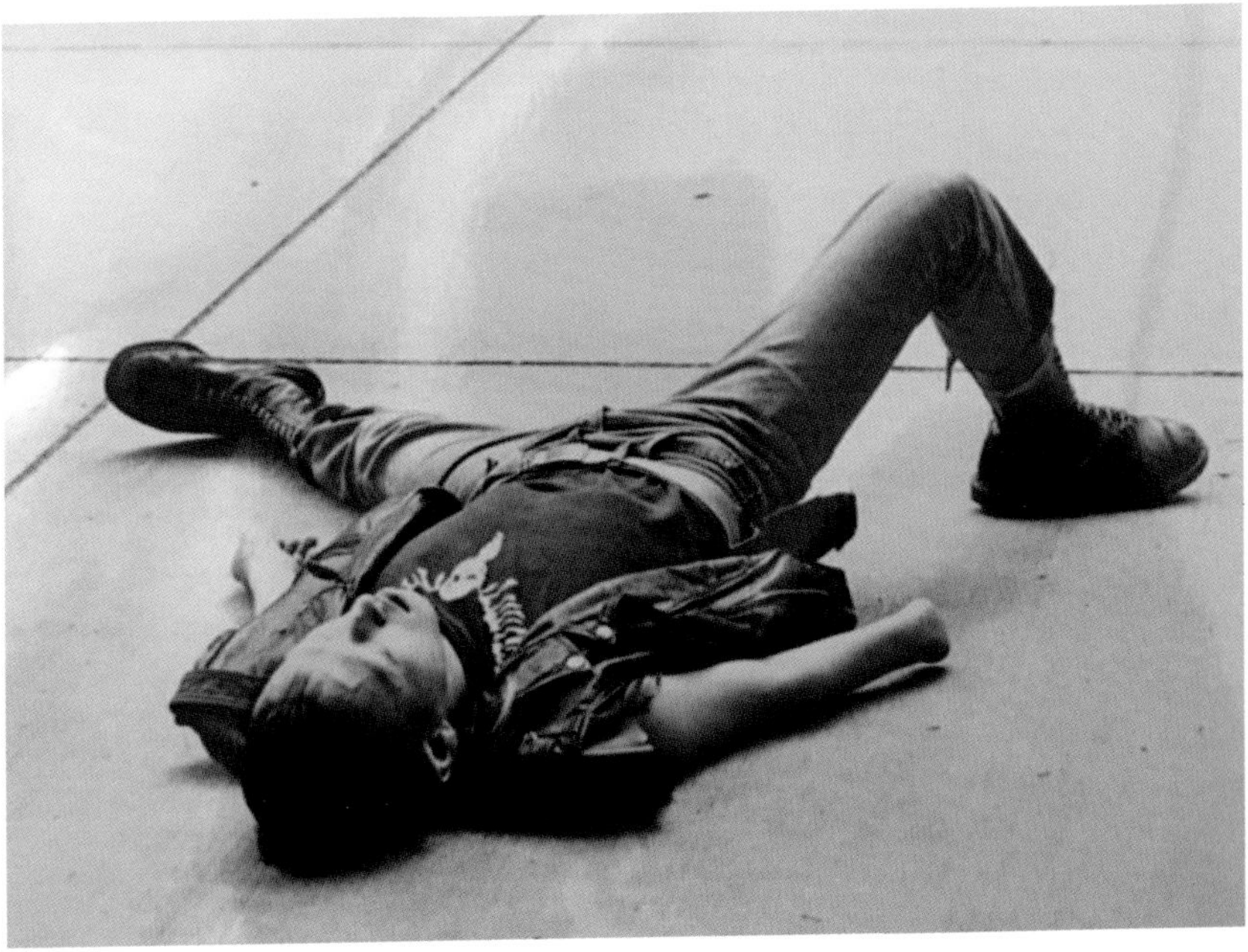

マサミソロシングルのジャケット「FINAL DAYS」撮影時の写真

マサミ追悼ライブで飾られた写真　撮影：辻砂織　©「フールズメイト」

THE LEGEND OF CHARISMATIC MASAMI WHO LOST HIS RIGHT HAND

第二章 THE TRASHとGHOUL

まえがき

この本の刊行にあたって、まず初めに謝っておかなければならないことがある。

俺の著書『ISHIYA私観　ジャパニーズ・ハードコア30年史』と、noteでの連載「ISHIYA私観『平成ハードコア史』」の第1話と、雑誌『ヘドバン　Vol.30』（2021年6月）掲載「L.O.Xという伝説のスーパー・グループの奇跡の真相」などの記事におけるGHOULのボーカルであったマサミさんの倒れてしまった日付が、平成元年（1989）となっていたが、正しくは平成2年（1990）の3月15日であり、記述を間違えてしまった。

元々の資料は、唯一と言っていいマサミさんに関する詳細を取材して調べた「『片手のパンクス』マサミはなぜ死んだのか？」という鶴見済氏の記事が元で、雑誌『ア・ハード・デイズ・ナイト』の1993年2月号（雑誌掲載時タイトル「死してマサミは伝説となるか」）と、鶴見氏の記事が収められた書籍『無気力製造工場』（1994年）に掲載されていたものだ。ネット上の情報も全て鶴見氏の記事の記述によって統一されていたと思われるのだが、俺が自分できちんと調べて確認もせずに、他人の情報に頼って書いてしまったことが、マサミさんの倒れた日付を間違えた全ての原因である。間違った情報を体験したかのように綴ってしまったことを、ここで深くお詫びいたします。本当に申し訳ありませんでした。

しかしこの事実の発覚により、正確な年月日で調べると様々な事実を得ることができた。当時を知る多くの人間の多大な協力のもとで、核心に迫っていく取材は大変ではあったが、非常に実のある収穫となった。これから記すマサミさんの話で、日本のハードコアパンク創成期の中心がどのような世界だったかがわかるだろう。あくまでもマサミさんを中心とした話なので、当時のハードコアパンクのシーン全体を知る人や当事者は、全く違った印象であるかもしれない。しかし俺の私観であることをご理解いただきたい。

俺が感じた日本のハードコアパンクは、マサミさんが中心であり、その世界がなければ現在の俺が存在していないと断言できる。

現在の日本のハードコアパンクシーンは、音楽的な面以外でも海外からの影響が大きく、創成期の暴力的な世界を忌み嫌うパンクスも多く存在する。確かにそれは正しいし、その方が良いと感じる現在の時代背景もあるのだろう。

暴力的な世界が嫌いでパンクスになった人間も多く存在する現代の日本のパンクシーンだが、創成期の暴力も日常的にあった混沌とした「このシーン」がなければ、現在の日本のパンクシーンは存在していない。決して暴力を推奨しているわけではないが、あなたがこの国に住み生きて来た人間で、パンクが好きであれば、これから書く世界がなかったら「今のあなたが存在していない」と言っても、決して過言ではない。

取材中、俺を信頼して、俺だからと様々なことを話してくれた多くの人たちの協力によりこの本を書くことができました。そして、世界に発信する日本の文化の代表ともなっている「ジャパニーズ・ハードコアパンク」を、後世に伝えることができます。本当にありがとうございます。文章中敬称略す部分が多くあると思いますが、多大なる感謝と尊敬のもとに執筆していることをご理解願います。


それではマサミさんの話を始めよう。

マサミとは1980年代初頭、日本のハードコアパンク界に現れた、右手首から先を欠損しているモヒカンのパンクスであり、日本のパンクシーンを作り上げた第一人者である。平成4年（1992）9月26日に、34歳の若さで他界してしまったが、その逸話は数知れず、多くの噂や尾ひれのついた話によって勝手なイメージが作り上げられていった。社会から逸脱しながらも、ヤクザとは違う道をたどった人間たちが多かれ少なかれ皆そうであったように、暴力的なことや危ない話もたくさんある。


しかし「人間マサミ」に迫ることで、ジャパニーズ・ハードコアパンク創成期を生きた人間たちを知ることができるだろう。マサミを知る人間とマサミを知らない人間では、同じ世界に生きていても、全く世界が違う。それほどまでだと言い切れるマサミという人物とは？

俺たちは皆思っていた。「マサミがいれば大丈夫」だと。

この物語は事実であり、実在した人物の実話である。

第一章

右手を失った少年

#01 実家全焼事件

筆者やマサミの友人たちが知る、大人になってからのマサミという人間の形成には、幼少期から少年期にかけての経験が色濃く関わっているはずである。そこで幼少期からのマサミをよく知る彼の叔母に話を聞いてみると、マサミは幼少期から少年期にかけて、過酷すぎる経験をしていた。

どんな人間でも、その人間なりの過酷な経験はあるものだが、決して自らの経験と比べろと言っているわけではない。マサミという人間を知るためには、彼の物心がついた頃の事実を記しておくことが必要不可欠である。

マサミの本名は細谷雅巳。昭和33年（1958）8月29日生まれで、千葉県夷隅郡の出身である。房総半島中心部近くの山深い風光明媚な場所で生まれ、近くには養老渓谷もある、非常に自然豊かな山間で幼少の頃のマサミは育った。両親とふたりの弟がいるのだが、弟とは歳が離れていたこともあり、叔母にあたる親戚のお姉さんと姉弟のように育ったという。

叔母「近所に友達がひとりかふたりはいたんですけど、私がどっかに行くときはだいたいくっついてきてましたね。私も姉がひとりしかいなかったものですから、マサミの方が年が近いので自分の弟みたいな感じで遊んだりしてました。彼としては自分の兄弟は私だけとしか思ってなかったんじゃないですかね。マサミと下の子たちは歳が離れているので、あまり兄弟意識っていうのはなかったかもしれないです」

マサミを知る筆者としては、叔母の後についてまわるという幼少の頃のマサミの姿は、ちょっと想像がつかない。しかしマサミという人間の根底には、こうした幼少期から青年期の経験が大きく影響していると感じる話を多く聞かせてもらえた。

叔母「マサミは、あんまりいろんなことに自分から向かっていく子じゃなかったんですよね。父親がちょっと自分自身が強い人だったので、厳しいっていうか、圧力というか……。そんなのが多くて、マサミはちょっとかわいそうだなって思ってました」

１９５８年生まれであるマサミの時代背景として考えると、一般家庭では家父長制が強く残る時代でもあっただろう。特に田舎であれば、それが家庭内に色濃く反映されていたのではないだろうか。事実、叔母によると、マサミ家というのは父親に対して口答えできない状態だったようで、叔母がマサミをかわいそうだと思っていても、口出しすることもできない雰囲気だったという。

叔母「父親はマサミに関わらないというか……マサミは長男だったんですけど、可愛がるっていうことはあまりなかったですよね。でも、マサミの下の弟は、ほぼどこへ行くにも一緒に連れて行くといった状態でしたけど」

同じ自分の子どもでありながら、愛情の注ぎ方が大きく違うことに驚くが、父親がマサミに対して辛い態度をするようになった原因と思える最初の事件がある。

マサミがまだ小学校に上がる前のことだった。現在は廃屋となってしまっているマサミの実家だが、その家に住む以前、現在マサミが眠る墓のすぐ近くに空き地があり、マサミが生まれてしばらくはその場所にあった家で暮らしていた。山深いマサミの実家の家屋のまわりには、藁の束のようなものが置いてあったという。当時からいたずら好きだったマサミが、遊びのつもりで火遊びをしていたところ藁に火がついてしまい、木造だった家屋に火の手が回り全焼してしまった。

取材するにあたり、筆者はマサミの墓と実家周辺を訪れてみたのだが、墓まで行く坂は舗装されていない広めの山道といった感じのかなりの急勾配で、消防車が入るにはかなり困難な立地条件であった。事実、筆者たちが行った車では入ることが難しく、案内してくれた叔母の車で墓の近くにある親戚筋の家まで行き、そこから歩いて行くような場所だった。

普通に行くにも困難な場所で、消防車が入れるのかどうかさえ微妙なところである。消火作業にかなり手こずるであろうことが容易に想像されるため、そういった全焼してしまうような条件も重なっていたのではないかと思える立地条件だった。

叔母「マサミに対する父親の態度の原因のひとつとして、実家を火事にしてしまったのもあると思います」

藁の束などに誤って火がついてしまったのか、故意に火をつけたのかはわからない。しかし大人になってからのマサミのいたずら加減を見ると、通常では考えられない、いたずらのレベルを超えたものが多かったので、幼少の頃から「これ以上やってはいけない」という限度ラインが他の人間のよりも上にあり、ギリギリの危険範囲でいたずらを楽しんでいた可能性は否定できないところである。

今現在、ライブハウスに来ていて、マサミを知らない人間からすると到底想像のつかない、通常のいたずらの範疇では収まらない行為の数々であった。スタンガンや催涙スプレー、ムチやナイフ、警棒などを対人使用するのだが、様々な武器が手に入って使うときのあのニコニコした笑顔は、いたずら好きな子どもと何ら変わらない笑顔だったように思うのは、筆者だけではないはずだ。

叔母「元々いたずら好きだったのかもしれないですね（笑）。小さいときに思ってたことをみんなが受け止めてくれたから、大人になってもそうやってたのかもしれませんね」

父親から愛情を全く注がれないという状況だったが、子どもにとっては何が起きようと、どんなことをされようと、親は親である。まだ年端もいかぬ子どものいたずらなどというものは「自分を見て欲しい、自分を気にして欲しい、自分に構って欲しい」という心の裏返しである可能性が大きいと思える。父親に相手にしてもらえないマサミが、一番自分を見て欲しかった親に対して行った自己表現方法。それが「度を越したいたずら」だったということもあり得るだろう。そしてマサミが小学校に上がった頃、マサミの人生で最大の事件となる「ダイナマイトで右手を吹っ飛ばす」という出来事が起きてしまう。

筆者が聞いたマサミの片手が無い噂にはいろいろなものがあった。

「ヤクザに斬り落とされた」

「喧嘩で人を殴って骨折してしまったが、治っていないうちからまた殴るので、右手が壊死してしまい切断することになった」

という都市伝説的なものや

「交通事故で失くした」

「仕事の工場で機械に巻き込まれた」

という事故説の他にも、中には「自分で食べた」というとんでもないものまで様々あったが、筆者は生前のマサミ本人には真相を聞くことはできなかった。
しかし叔母に話を聞くことで、その事実の詳細がわかることとなった。

#02 右手を失った少年

マサミが小学校一年生のときに、人生を一変させたと言える「ダイナマイトで右手首から先を吹っ飛ばす」という事件が起きる。筆者は生前のマサミ本人に、右手を失った理由を聞くことはできなかったが、以前に行った『別冊ペキンパー』（2016年4月）のマサミ特集での座談会や、信頼できる先輩たちの話で「ダイナマイトで飛ばした」という真相を知ることとなる。

どうしてダイナマイトがあったのか？ なぜダイナマイトが爆発してしまう状況になったのか？ マサミという人間が注目された大きな要因のひとつでもある「右手の欠損」についても、叔母から詳しく聞いたので、それを記していきたいと思う。

叔母「マサミの父親は農協の人だったので、ダイナマイトが家にあるようなことはなかったんですけど、お爺さんが工事現場に出たりしていた人で、その仕事では誰かがダイナマイトの免許を持ってないといけなかったみたいなんですよね。それでお爺さんがダイナマイトの免許を取ったのだと思います。お爺さんがダイナマイトをちゃんと管理できていなかったのかもしれないんですけど、お爺さんの家でマサミが自分で火をつけちゃったんだと思います。花火的にいたずらしてたんでしょうねぇ」

やはりいたずらである可能性が非常に高い。そう考えると、マサミは本当に子どもの頃から変わっておらず、いたずらっ子がそのまま大人になった気がする。愛らしさのような部分をマサミに対して感じる人間が多かったため、度を越したいたずらをしても嫌われず、みんなに愛され続けたのだろう。

叔母「私もそのときは同じお爺さんの家にいたんですけども、家の中にいて表ですごい音がしたから、びっくりして出て行ったら、マサミは驚いたような様子で普通に立ってましたね。ダイナマイトを掴んでたから、手で止まって爆発した状態になっちゃったんでしょうね。私は言葉も出せず、動くこともできなくって」

それにしても、手でダイナマイトを持って爆発させたにも関わらず、生命に別状がなかったのは不幸中の幸いである。まるで得体の知れない何かが「マサミはこの世に必要な人間だ」と言わんばかりに生かされたようでもある。そしてその頃のマサミという少年は、一般的なまだ年端もいかぬ子どもとは少し違った面もあったようだ。

叔母「あの子の涙を、私はほとんど見たことがないと思います。我慢する子だったから」

涙を見せない子ども……。一体何がマサミをそうさせたのだろうか。奥底に眠る大きな傷が、すでにその幼い心の中に潜んでいたのかもしれない。そしてマサミは、ダイナマイトで手を吹き飛ばしたときでさえも涙を見せなかったという。

叔母「でもそのときは、痛みがわかんなかったんじゃないですかね。本人もびっくりしちゃって、声も涙も出なかったんじゃないですかね」

小学校一年生の子どもが、ダイナマイトで手を吹き飛ばしてしまった衝撃など想像すらできないが、この事件によってマサミの運命は大きく変わったであろうことは容易に想像がつく。

叔母「精神的にはいろいろあったんでしょうけど、あの子はすごく性格の優しい子だったんですよね。でもその後、父親からは完全に無視されて『お前なんかいらない』みたいな状態が続いてましたね」

実家を燃やしてしまい、ダイナマイトで手を飛ばしてしまったマサミではあるが、あくまでもまだ10歳にも満たない子どものいたずらであり、間違いである。そんなときだからこそ、肉親の愛情は一番必要だったはずだ。それもまだ年端もいかぬ子どもであればなおさらである。しかし、父親は我が子が手を失うような事態になっても、愛情を注がなかった。

叔母「父親がマサミに愛情を注がなかったのは、ダイナマイトで手を失くしたことも関係があると思います。マサミの父親は、人をそういうことで見下す人だったから、マサミにとっては地獄だったでしょうね」

マサミの父親は、我が子が一生治らない傷を負ったにも関わらず、「手を失ったのはみっともない」という認識の人間性だったという。右手を失った小学校一年生の少年が、実の父親から差別的とも言える感情を突きつけられ、必死に耐えていた心中など想像を絶する。そんな環境の中で母親のマサミへの対応が気になるところだが、仕事をしていたため、なかなかマサミを構ってあげることができなかったようだ。

叔母「マサミの母親も仕事があったので、私が中学生のときはマサミは私にくっついて遊んで歩いてましたけど、そんなときでもマサミのことを意地悪く言う近所のおばさんもいましたね。近所の人がそんなのだから『もう帰ろ帰ろ』って帰ってきちゃったりね」

実家を全焼させてしまい、ダイナマイトで右手を吹っ飛ばしてしまう子どもは、当時の田舎町では嫌でも注目を浴びることになったはずである。右手を失ったマサミには義手が必要だったが、当時はまだ小学校低学年の子どもに合うサイズの義手がなかったようだ。そのため手首から先を失った右腕は人目に触れ、相当なイジメにも遭ったという。

叔母「私が中学校一年生のときにその事件が起きて、私の中学生時代の3年間はマサミと一緒に学校に行ってましたけど、小学生のマサミに対して中学生ぐらいの人までいろいろ言ってくるもんだから、マサミは私の影に隠れてましたね」

叔母の中学とマサミの通っていた小学校はすぐ近くにあったので、中学生と小学生では帰りの時間は違っても、朝の登校は一緒にできていた。

叔母「あの子はあんまり態度に出さなかったんですよね。私が朝一緒にいて、目の前でマサミに何か言ってくる人がいれば『そんな言い方しないで!』って怒鳴りつけたりしてたんですけど、本人は完全に萎縮しちゃって私の後ろに隠れて何にも言えないで。あんなちっちゃい子が……。やっぱりそれだけはかわいそうでね。私が何かをしてあげられるわけじゃないですからね。いつも一緒にいていろんな話はしててくれたけど、やっぱり自分の辛いことは喋らないんですよ。だから自分で相当我慢してたんでしょうね。『強くなってもらいたい』って言いたかったんだけど、そのときはまだかわいそうでそんなこと言えない状態だったから」

そんな環境であれば、その後のマサミに変化が訪れるのは当然のことだろう。しかしマサミは、子どものころから変わらない強さと優しさを持っていた。

叔母「そんな状況だからひとりで遊ぶようになっちゃったんですけど、でも自分でその中から立ち直ろうっていう精神的なものがあったんでしょうね。近くにある川に行って、右腕の手首から先がない方で石を持ち上げて、手づかみで魚をとってましたよ。すごかったですね」

叔母の存在はマサミにとって、唯一とも言えるほどの家族の愛を感じられるものだったようだ。もう少し後の時期になるが、マサミが東京に出た後に、一時期叔母も東京に住んでいたようで、そのときの話を聞くと叔母への愛情と優しさが感じられる。

叔母「私が東京にいたので、その時期にマサミと会ったりはしてたんだけど、原宿から来て『ブラウス買ってきた』とか言って私にくれたりね。お金ないのに（笑）。いつもお姉ちゃんみたいな状態でいたから、私にはただ優しかったですけどね」

自らが信じられる人間に対しては、とことん愛情を注ぐのもマサミという人間だったのだろう。マサミといえば恐ろしい話も多いし、実際に恐ろしい場面もたくさんあった。しかし大人になってからのマサミも、幼少の頃と変わらず、心を許した友人たちには愛情と優しさに溢れていた。筆者たちの世代の人間からすると、仲良くなる前の傍から見ているマサミは恐ろしくてたまらない存在だったが、一旦受け入れてもらうと優しい部分をたくさん見せてくれた。

自分の愛するものたちを守るためには、恐ろしい面を併せ持っていても何らおかしくはない。過酷な幼少期の耐え続けた思いが、マサミの恐ろしさと優しさの両面を作り上げたのではないだろうか。

濡れ衣

右手を失うという障がいを抱え、小学校時代には相当なイジメを受けたマサミだが、１９６０年代当時は現在とは比べ物にならないほど、世の中に偏見がまかり通っていた時代でもあるし、人口が少ない田舎町だというのも関係があったのかもしれない。

実家を燃やしてしまい、ダイナマイトで手を失った少年が、否が応でも周りの人間からの注目を集めてしまうのは仕方のないことだろう。村社会が色濃く残る時代ならばなおさら「異端児」と捉えられ、疎まれていたのかもしれない。

叔母「田舎なんでね、近所でも友達っていうのは何人もいないし。マサミの友達だった年がひとつ下の子かな？ その子はマサミのことをよくは言ってなかったみたいでね。だからあまり自分から友達の中には入っていけなかったかもしれないですね。マサミはちゃんと話せばわかる子だったけど、頭ごなしにいろんなことを言われるとやっぱりね。だけど人を傷つけるような子じゃなかったから『自分が抑えれば』っていうのがあったみたいですね。私からすればそういう風に見えてました」

父親からの愛情もなく、友達からも疎まれた状況の中でもマサミはなんとか耐えて生きていたが、中学に入る頃になるとグレるようになっていく。

叔母「ちょっとグレ始めたのは中学ぐらいですかねぇ。その頃は、親もあまり学校に相談とかもしなかったんだとは思うんですけど、自分で相当我慢してたんでしょうね」

#03

そしてマサミは中学卒業後、高校には行かず就職することとなる。

叔母「マサミは高校に行かなかったですね。本当は行きたかったんだけど、父親が『そんなんで高校なんか行く必要はない』って言って、お金も出してもらえなかった状態だと思います。中学を卒業して会社に入って少し仕事にも行ってたんだけども、やっぱりいろいろあったんでしょうね。大人がいろんな中傷をして意地悪をしても、それに向かって反発して言えるだけの勇気がマサミにはなかったんだと思います」

しかしマサミは、右手が無いにも関わらず自転車にも乗っていたという。その器用さは大人になってからのマサミを彷彿とさせる。

叔母「自転車やバイクにも片手で乗ってましたね（笑）。あの山の中で自転車はきついんだけど、小学校高学年ぐらいからは乗ってましたね」

自転車の片手運転であれば想像がつく。しかしバイクとなると想像もつかないだろう。右手が無いのであれば、バイクのアクセルワークができるとは考えにくい。叔母の話によると、この頃にはもうマサミは義手をつけていて、義手をつけるのもひとりで全部やっていたという。川で遊ぶような濡れるときには義手を外したり、日常生活では気になるようなことは何もなかったそうだ。その後、東京に出てからしばらく経つまで、マサミは義手をしていた。

自転車でも片手のみしか使えないのであれば相当大変だと思えるのに、もし義手だとしてもバイクとなると話は全く違ってくる。筆者は実際に、義手無しの欠損した右手でバイクを運転しているのを見たことはあるのだが、わからない人間には想像がつかないのではないだろうか。その上、自分のバイクを持っていたという。

叔母「誰かのを借りてたのか何なのか、ちょっとわかんないんですけど、自分のバイクも持ってましたね。仲間のひとりにちょっと年上の自動車屋に勤めていた子がいたんでね、その子の関係なんじゃないかと思いますけど」

この自動車屋に勤めていた人間は、叔母とも交流があるなど地元で唯一と言えるマサミの友人だったようだ。そしてその頃、またもやマサミに事件がふりかかる。しかしその事件は、大人になってからのマサミを彷彿とさせるような「人間マサミ」の本質が現れた事件だった。

叔母「中学を卒業した、ちょうどその頃のことなんですけど、よその家のものを盗ったとかいう話で捕まって、少年院に入ったんですよね」

どうやら友達同士で誰かの家で遊んでいたときに、その家のものがなくなってしまい、そこにいたマサミが盗んだという話になったようだ。

叔母「自動車屋の子が私にもいろんな話を聞かせてくれてる子で、マサミのことを信用しててくれたんでしょうね。そのときマサミと一緒にいたようなんですけど、後で私に言って来たんです。『あのときはマサミが捕まったけど、マサミはやってなかったんだよ』って。それなのにマサミは何にも言わないで、友達を庇って少年院に入っちゃったんですよね」

何ということだろう。実家を燃やし、右手を無くしてしまい、父親からも疎まれ、学校でもイジメを受け、友人や近所からもよく思われず、それでも我慢して我慢して友人と一緒にいたところを、今度は盗みの濡れ衣を着せられてしまう。それでも警察や両親、被害者にも一切何も言わず、少年院に行くほどの事態になっても友人を庇い続ける。映画やドラマ、漫画でもこんなできすぎた話はあるものではない。

叔母「『何でそこまでやるの？』と思いましたけどね。そうやって庇っても、庇った相手は『そんなの関知していない』みたいな感じで、マサミを裏切るような態度でね。でもマサミは信じたら最後まで行くんでしょうね」

マサミはいつも、ライブハウスや路上などで仲間が揉め事になっていればすぐに駆けつけ、加勢するにしても仲裁するにしても、先頭に立って解決にあたっていた。マサミが持っていた仲間を愛し、大切にする優しさと強さは、少年期にはすでに大きな精神的な核として、マサミの中に存在していたのである。

叔母「私もその頃の細かいところまでは見てないんですけど、でもかなり我慢してた部分があったんだなと思いますね」

マサミが1年ほど入っていた少年院には、叔母と母親は面会に行ったが、父親は行かなかったという。それには右手を無くしてしまったときと同じ思いが父親にあったようだ。

叔母「お父さんは行かないです。『そんなのみっともない』っていう人だったから」

大人になってからのマサミを思うと、ここまでされた父親に反抗的な態度を取らないわけがないと思えるのだが、グレ始めた頃でもそんなことはなかったようだ。

叔母「うちで私たちに大きい声を出したことは一回も無いですよ。怒ったことはないです。よそではわからないですよ？　でもうちでは無かったですね。私や母親には一切そういうことはやらなかったですよ。父親は別物だったんじゃないですかね。『何言ってもしょうがないや』みたいなところがあったかもしれない」

この事件でよくわかるが、マサミの中にあった信頼する友人に対する想いが、その後、東京に出てから多くの友人に伝わったのだろう。そうでなければ、ここまで多くの人間がマサミを愛して信頼していないのではないだろうか。

叔母「友達を庇ってそんなことまでしちゃって『マサミは自分がなくなっていくんじゃないかなぁ？』と私は思ってたんですよね。でもその後は、だんだん自分を取り戻して来てましたね」

実際、地元でのマサミは「我慢」や「忍耐」という表現がふさわしいような、自分を抑えつけて生きる生活を送っていたのだと思う。なぜ生まれてたかが十数年で、そこまでの困難がマサミひとりに降りかからなければならないのだろう。

叔母「そんなんだったから『もう家にいたくない』って思ったんでしょうね。それで大人になってから自分を守る手段として『言われる前にやっちゃえ』みたいなところがあったのかもしれませんね。小さいときの弱い自分が嫌だったんでしょうね。きっと」

1年ほどで少年院を出所したマサミは、ひとりで東京へと出て行くこととなる。そしてそこから、マサミという人間の伝説が始まっていく。

#04

居心地の良い場所

いい思い出がほとんどないどころか、散々な目に遭い続けた地元を出て東京に移り住んだマサミだったが、それから20歳ぐらいになるまでの期間は謎に包まれたままだ。いくら探してみても、その時期の知り合いにはたどり着かない。しかしそこでマサミに変化があったことは確実だろう。それまでとは違った自分を手に入れる最中であったと思われるが、マサミが20歳の頃、運命的とも言える出会いがあった。その出会いによって、マサミの生き方が決定づけられたのではないかと思える。

１９７０年代後半から１９８０年頃にかけての東京では、ディスコがブームとなっていた。当時の若者たちは、週末ともなればディスコへ出かけて遊ぶのが当たり前であった。要するに今のクラブと同じである。表向きには18歳未満はディスコへの入場禁止だったので、原宿の歩行者天国でディスコに入れない高校生を中心とした竹の子族が流行ったのも、ディスコブームによる副産物だったのだろうと思われる。週末だけでは飽き足らず、ほぼ毎日のようにディスコに出入りする常連客も数多くいた。中でも新宿には非常に多くのディスコがあり、マサミもそんなディスコ常連客の若者のひとりになっていた。

新宿には様々なディスコがあったが、どのディスコにも行く常連客のような人間がたくさんいたようだ。そして新しくディスコがオープンすると、開店時に客を呼ぶために無料券が配られ、いつも様々なディスコで遊んでいる常連たちが新規オープンするディスコに集まった。

新宿歌舞伎町にあったジャック＆ベティも、昭和53年（１９７８）頃に新規開店したディスコのひとつで、マサミもジャック＆ベティの開店時に遊びに行くディスコ常連客の中のひとりだった。ジャック＆ベティの新規開店には、他のディスコの常連も多く集まっていて、その中に現THE TRASHのベーシストであるヒロシもいた。

ヒロシ「ジャック&ベティっていうディスコが、新宿の元コマ劇場（現在は新宿東宝ビル）から曲がって、今のロフトに行く細い道の通りの真ん中ぐらいにできたんだよ。そのときにタダ券を配ってるから『どこどこの店の常連、どこどこの店の常連』っていう感じでみんなあちこちから集まって来てて、その中にいたひとりがマサミだった。あのときは俺もひとりで行ったんだけど、マサミもひとりだったような気がする」

今のライブハウスやクラブでもそうだと思うが、友人たちと一緒に行く人間もいれば、常にひとりで行動している人間もいる。マサミもヒロシも遊びに行くときには、基本的にひとりで行動する人間だったようで、ふたりともたまたまディスコの新規開店にひとりで遊びに行ったところ出会ったようだ。そしてこの出会いがマサミの運命を決定づけるほどの重要な出会いであり、生涯の友と呼ぶ人間たちとの出会いの最初であった。

ヒロシ「誰かと待ち合わせしてとか、帰るのがいつだとかめんどくせぇから、ひとりで遊びに行くのが楽じゃん。そういうのが集まって来てたから、本名も出身もわからない、電話も仕事も知らない、そんなのばっかりで家もないやつばっかりだったから、マサミはどこにいたんだか俺は知らなかった。マサミのとこに行ったことないし」

そんな人間ばかりの集まりではあったが、マサミとヒロシはかなり気が合ったようで、それからはいつもディスコで会っては遊ぶ仲になっていった。

ヒロシ「マサミは俺からしたら、ずーっと遊び友達だもん。一緒にどこか行くとかじゃなくて、好き勝手に遊びに行って、そこで会ってって感じだけど、ものすごい気が合ったんだと思うよ。気がついたら一緒にいて、遊んでてもアイツといるのが居心地いいんだよ。なんの話してるのかもわかんないんだけど」

こうした出会いは、世間一般ではそうある話ではないだろう。社会人や学生の中での友人といえば、学校か会社などの仕事場の人間ばかりである場合が多いのではないだろうか。実際、筆者も以前、年長者に「友人と言える人って、会社の同僚か学生時代の友人だけなんですか？」と聞いたところ「そう言われるとそうだね」と答えられたことがあった。

そういった世間一般では、ライブハウスやディスコに行くことがなければ、会社や学校以外の友人と出会う機会もなかっただろうし、せいぜい飲み屋や飯屋などで知り合った常連同士ぐらいで、それはとても「友人」と呼べる存在ではないのかもしれない。

現在でもライブハウスやクラブに通う人間には、仕事場や学校の友人よりも理解しあえる、気の合う友人が多いはずだ。そんなところは当時も今も変わらないだろう。

当時、マサミはいつもディスコで遊んでいたようだが、ヒロシはディスコに通う以前の18歳頃からライブハウスにもよく通っていた。

ヒロシ「俺が何を最初に観に行ったのかもよく覚えてないんだよ。たぶん、東京ロッカーズなのかな。FRICTIONが好きで行ってたから、FRICTIONとかS-KENとかミスター・カイトとか、ああいうのが出れば観に行ってたし。あとは東京ニューウェイヴ。8 1/2とかも行ってたし。18歳ぐらいの頃にライブ観に行き始めて、役所に勤め始めたときにピストルズが出てきて、初任給でセデショナリーズの衣装を上から下まで全部買ったんだから（笑）。でも、セデショナリーズだから、高くて金が足らなくて靴だけクリームソーダのラバーソールで（笑）」

このヒロシと仲良くなったことによって、マサミはパンクというものに目覚めていったようである。

ヒロシ「歌舞伎町にニューヨークニューヨークってディスコがあったのよ。後からリキッドルームになった所のビルにあって、そこでファッションコンテストみたいなのがあったんだよ。それにTHE TRASHでギター弾いてたジュンが出て優勝したかなんかでさ。そのファッションコンテストみたいなのがジャック&ベティでもあったのよ。それでマサミに俺のパンクの格好を上から下まで貸してコンテストに出したのよ。自分は出たのかどうかも、賞を取ったかどうかもわかんないんだけど、それからマサミをだんだんパンクに引っ張り込んでいったんだよね」

当時のマサミはまだモヒカンではなく、右手にも義手をつけたままであった。パンクなども聴いていなかったのだろうが、やはりヒロシの影響は大きかったと思われる。マサミが20歳のときだった78年に、奇しくも同じ歳のヒロシという存在との出会いによって、マサミの一生が決定されたと言っても過言ではない。

マサミとヒロシの出会った時期には、彼らがよく行くディスコが他にもあった。昭和50年（1975）頃から新宿にあったツバキハウスと、昭和55年（1980）の夏頃に六本木にできたクライマックスである。他にもディスコはあったが、パンクスの行くディスコは限られていたようだ。

ヒロシ「ジャック&ベティができるもっと前から、ツバキには行ってる。ジャック&ベティの後にはクライマックスにも行ったりさ」

この頃にはツバキハウス、クライマックスにパンクスたちが通っていたようだ。そしてもうひとつ、ディスコ営業だけではなくライブも行われていたという伝説のディスコ「トラッシュ」があった。このトラッシュは、当時の東京アンダーグラウンド音楽シーンとディスコ文化の交流が生まれた、大元と言えるディスコではないだろうか（以後、わかりやすくするために、ディスコのトラッシュはカタカナ、バンドのTHE TRASHはローマ字で表記する）。

東京アンダーグラウンド音楽シーンにとって非常に重要な場所であったトラッシュだが、このディスコの名付け親はTHE TRASHのベーシストのヒロシである。

ヒロシ「ジャック&ベティに集まってたやつらが、面白くなくなってきた感じで、あちこちにまたバラけ始めたんだよ。ジャック&ベティにいた常連も、残ってるのは俺らぐらいしかいなくなっちゃってさ。その頃、オールナイト営業ができないとかもあって、朝までいられるところがなくなっちゃったんだよ。それで『どっか遊べるところがないか?』ってみんな探し始めたんだよな。そしたら友達のＤＪやっててダンサーもやってたやつの何人かが、フルハウスってディスコでＤＪを始めたのね」

これが恐らく80年の終わり頃ではないかと思われる。78年に出会ったマサミとヒロシは、2年ほどの間、常に遊んでいたようで、トラッシュ設立にも関わっていくようになる。

ヒロシ「フルハウスに遊び行ったら客も別にいないから『これかけてくんない?』ってパンクのレコードとかかけてもらって、ひとしきり遊んで『じゃあね』って帰ってたんだよ。客がいるとファンキーディスコだからパンクをかけてくれないからさ。そうやってみんな友達なんだけど、ＤＪとかをどんどん取り込んでいってみんなを洗脳して、それまで綺麗だった内装をぶち壊してパンクディスコを作ってさ。それがトラッシュになったんだよ」

このトラッシュでは、当時の東京アンダーグラウンドシーンの中心的なバンドが出演するライブがいつも行われていた。じゃがたら、ザ・スターリン、チフス、BODIES、THE FOOLS、AUTO-MOD、ジャングルズ、水玉消防団、NON BAND、吉野大作&プロスティテュート、絶対零度の他にも多くの東京のアンダーグラウンドシーンのバンドがライブを行っていた。

ヒロシ「ライブハウスはいっぱいあったけど、遊べるところってなかったんだよ。パンクなディスコ？ そういうのがなかったんだよ」

ツバキハウスはパンクが流れる老舗のディスコであったが、初期の頃は曜日によって決まったカテゴライズなどはなかったようで、火曜日のロンドンナイト、日曜日のヘヴィメタルナイトなどというように、曜日によってテーマを絞ったことにより、集まる人間が曜日ごとに変わっていったのではないだろうか。しかしマサミやヒロシなどの常連となっている人間たちは、曜日は関係なく毎日ディスコに通って遊んでいたようである。

ヒロシ「ツバキには俺らも毎日行ってたもん。日曜日はメタルだから、メタルだと知ってるやつもそんなにいないから、飲んで遊ぶのに空いてて楽でいいのよ。別にメタルも好きだし、motörheadとか大好きだったから。ただヘッドバンキングとかはしないけど音楽は大好きだから、下手な遊び場よりも全然いいよ。タダで飲み食いできて音楽聴けてさ。最高だよ（笑）。女の子もいっぱいいるしさ」

当時のディスコで常連となっていたマサミやヒロシは、店員やＤＪなども全て友人だったために、行きつけの店には顔パスで入れるようになっていたという。その流れでできたトラッシュは、格好の遊び場として様々な人間が集まるようになっていった。こうしてトラッシュ、クライマックス、ツバキハウスが、当時のパンクスや東京アンダーグラウンドシーンに関わる人間たちの溜まり場になっていった。

新宿トラッシュ

#05

ハードコアパンクとディスコに関係性があるのを不思議に思う方もいるだろう。ディスコのイメージとしては、ファンクなどのソウルフルな曲やテクノ系の音楽が流れるナンパ込みでの遊び場といったところで、ハードコアパンク、特にジャパコアと呼ばれる世界とは全く違うイメージを持っていると思う。しかしトラッシュ、ツバキハウス、クライマックスだけは、当時パンクが流れる珍しいディスコであり、中でもトラッシュではライブもやっていたために、様々な人間が訪れる場所であったようだ。

そしてハードコア創成期の人間たちがマサミと初めて出会うのも、ほとんどがこれら3つのディスコのどこかだったようで、当時のディスコという場所には特殊な磁場があったかのようにも思える。当時、新宿で遊ぶときには、アンダーグラウンドシーンに携わる中でも、遊び人の部類に入る人間たちには大体の行動パターンのようなものがあり、その中にツバキハウスとトラッシュは必ず入る場所だったという。

ヒロシ「パンクだけじゃなくてさ、あそこらへんのゲイとかから何から、全部一緒くたに遊んでたわけだから面白かったもん。ツバキもある意味でそういうところがあったから。新宿二丁目にある老舗のニューサザエとかもそうなんだけど、ゲイの人たちの中にもトラッシュへ遊びに来る子もいた。ツバキからサザエに行く途中にトラッシュがあったから、そこに顔出してっていう感じで」

じゃがたらのギターであるEBBYも同じような遊び方をしていたようで、当時のシーンの中心にいた人間が新宿で遊ぶときには、トラッシュに顔を出すのが当たり前のようになっていた。

新宿トラッシュで行われた「無差別ＧＩＧ」のフライヤー

EBBY「当時、ツバキハウスとか二丁目のニューサザエに行って朝まで飲んだりとかしてて、それに行く感じでプラっと行ったのがトラッシュだと思うよ」

ヒロシ「じゃがたらは俺らがトラッシュ作って、そのときに店でやったのよ。じゃがたらもやったし、ザ・スターリンもやったな。ザ・ブルーハーツの河ちゃんも来てたもん。河ちゃんにザ・ブルーハーツで会ったとき『あれー!』って。ザ・ブルーハーツに入る前の話だから」

EBBY「じゃがたらでトラッシュには出てるんだけど、アケミはいい感じのやつにはすぐに心を開くんで、マサミ君だったらそういうのでアケミと絡みはあるだろうね。俺はマサミ君とは、トラッシュの中での記憶しかないんだよね。トラッシュには最初は俺はひとりで行ってないけど、その後にひとりで2、3回行ってるんだよ。その頃、いろいろ好奇心があって、やっぱりトラッシュはヤバそうだから面白いなって。最近の人たちって、溜まり場っていうのがないじゃん。俺たちは溜まり場文化だったから。『あいつに会いたいな。んじゃあそこ行くか! お、いたじゃん』みたいなさ。そんなノリなんだよね」

他にもギタリストでタレント活動もしていた、ヴィジュアル系のパイオニアとも呼ばれている本田恭章も、中学生でトラッシュに行っていたという話もあった。そして日本のポジティブ・パンクの創始者と言っていいAUTO-MODの中心人物であるジュネも、その界隈で遊んでいた人物だ。

ジュネ「俺がロンドンから帰って来てAUTO-MODを作って、ロンドンナイトとかツバキでやってたんだけど、あんまり人が来てなくてさ。当時のディスコって飲み放題食い放題だったから、飯食いに行ってるようなところもあったしね。ロンドンナイトなんて集まってんのは美容師とかバンドマンとかでさ。バンドマンっていってもパンクばっかりでメタルなんて来てなかったし。メタルナイトっていうのは後からできたんじゃないかなぁ？ なんとかナイトって音楽でテーマを絞ってやってたのはロンドンナイトだけだった気がする。もう81年になってたかなぁ」

そして、ジュネもツバキハウスでマサミと出会っているところを見ても、マサミがどれだけ頻繁に新宿のディスコ界隈に出没して遊んでいたかがわかるだろう。

ジュネ「ツバキハウスにいたときに、俺のところにマサミが来たんだよね。そのときゴムの義手をしてて『俺、手がないんだ』とか言いながら、ゴムの手をビヨーンビヨーンって逆に曲げたりしててさ。その日から仲良くなっちゃって。ツバキでしょっちゅう会うしね」

こうして新宿ではツバキハウスとトラッシュが遊び人たちの集まる場所となっていくが、特にトラッシュに関しては、現在そんな場所があったらと思うほど面白そうな場所である。ディスコ文化とライブ文化が融合し、新宿の夜の遊び人たちの溜まり場であり、海外でハードコアパンクが出現したのと同時期に新宿に出現した場所であり、ライブもある。まさに東京アンダーグラウンドの中心地であったのではないだろうか。

ヒロシ「トラッシュは小箱だったから『知る人ぞ知る』みたいな感じでさ。元々のフルハウスとかそういう小箱のディスコとかバーにしても、ものすごいおしゃれな超最先端な箱で、そういうのが池袋にも千駄ヶ谷にもあったんだよ。そういうとこにも俺らはたまに遊びに行ってたんだけど、トラッシュはそこまで最先端ってわけじゃないけど、他にはない感じっていうのが良かったんじゃないの？」

内装もコンクリートむき出しで、退廃的とでもいうのだろうか？　当時のディスコとしてはかなり珍しいものだったという。

ヒロシ「俺が作ろうって言ったわけじゃないんだよ。俺は別にそのままの綺麗な店の方が良かったもん。そんな踊って裾とかが真っ白になっちゃうようなのじゃなくて良かったのに、みんなが『パンクっぽくしようぜ！』って言うもんだからそうなっちゃっただけで。俺は元の綺麗なままでいいじゃんって思ってたんだけどね」

そしてヒロシと毎日のように遊んでいたマサミも、当然、トラッシュに毎日行っていたようだ。トラッシュは、営業していた期間が1年もなかったようで、全てが友人で成り立つディスコにマサミが行かないわけがない。

ヒロシ「お客さんが入ってくると、近くにいる常連みんなが『いらっしゃーい』って言うんだよ。たまたま自分の酒を作りにカウンターに入ってても『いらっしゃーい』って、そういう感じだから。それでなんかあって聞かれても『いや、俺、店員じゃないし』って（笑）。常連か知ってる人間しか見たことない。それで酒も何もかもタダで朝までいられるし居心地いいよ」

平日になると客ではない人間ばかりだったと、事情により名前を書けないあのバンドのベーシストだったKANNON（別名CLOUDY）も話している。

KANNON「俺が行ってたときはディスコやってたけど、平日はバーみたいというか、ディスコ営業なんだけど人が数人しかいなくてっていうときにヒロシに連れてってもらった。その頃にじゃがたらとかザ・スターリンとかタコとかBODIES

とか自殺とか、そういうののライブをトラッシュでしょっちゅうやってたから。ライブを観るために行った回数の方が多いのかな？」

ヒロシ「だいたい午前0時過ぎないと客は入って来ないから。それまでは俺らが暇つぶしに遊んでるところだったからな。そんで他の店がはねて、客がトラッシュに遊びにくるのが午前0時ぐらいからだから」

当時のトラッシュの様子が知りたいところだが、写真家の渡辺克巳氏によって多数撮影されている。そこにはもちろんマサミやヒロシが写っていて、モヒカンではなく義手をつけたマサミの写真や、ヒロシとマサミ以外の当時の常連たちなど、トラッシュの様子が数多く写されている。ただ残念なことに、渡辺克巳氏は平成18年（２００６）に他界してしまっており、話を聞くことができなかった。渡辺氏の『新宿 1965-97』（１９９７年）という写真集があり、トラッシュの様子などが多数掲載されているのだが、現在は入手困難となってしまっている。

他にもすでに廃刊となってしまったが、『月刊・問題写真』という雑誌の１９８５年2月号に「渡辺克巳写真館・連載Ⅶ 新宿劇場『3人の男の軌跡・そしてグループは』」という記事があり、そこにもトラッシュ時代のマサミやヒロシの写真と、渡辺氏による文章が掲載されている。『月刊・問題写真』の記事にはトラッシュの入場料が５００円と書かれており、安いディスコでも当時は2～3千円の入場料だったと記憶しているので、当時のディスコとしても破格の入場料であることが伺える。その記事には渡辺氏がマサミに聞いた右手の話が掲載されているので、記事より抜粋する。

80年も終わりの頃、新宿二丁目には〝トラッシュ〟と云う５００円で入れるディスコがあった。マサミとヒロシとシゲルはいつも一緒で特別元気がよかった。１年後マサミと新宿で逢った時、左手(ママ)が無くなっていた。「どうしたの。」

「ヤクザにやられた」と云って平然としていた

という話が掲載されている他にも

4年前についていた左手はその時すでに半分死んでいた。その後ケンカした時に完全にダメになり切ってしまった。

との記載もある。

右手と左手の間違いはあるが、恐らくこの雑誌によってマサミの右手が「ヤクザに斬られた」や「喧嘩で人を殴って骨折してしまったが、治っていないうちからまた殴るので、右手が壊死してしまい切断することになった」という話として広まっていったのではないだろうか。なんのことはない。本人が言ったためにその話が広がっていったのだ。しかし事実はこの本の「#02 右手を失った少年」にも書いてある通りである。

生前のマサミを思い出すと「ヤクザにやられた」と、得意のいたずら心満載の冗談とも取れないような話を言っている姿がありありと伺える。こうした茶目っ気のようなものも多くあったマサミは、どこに行っても人と仲良くなれる人間だったのではないだろうか。渡辺氏の写真でも、まだモヒカンにしていないマサミが無邪気に笑っている姿などがあり、恐ろしさなどは微塵も感じられない。そんなマサミだったからこそ、ディスコでも友人が増えていき、ヒロシとの出会いにも繋がっていったのではないかと推測できる。地元を離れてやっと自分らしさを見つけられたのが、ディスコで出会った仲間であり、その仲間たちとの付き合いはマサミが死ぬまで続くものとなった。

しかしマサミには、こうした茶目っ気やいたずら心満載の部分以外の一面があり、その部分での注目度により名を馳せていったところが非常に大きい。そしてマサミは、ハードコアパンクという世界に身を投じるようになっていくのだが、そこには「暴力」という共通点があったことは否めない。それは昭和56年（1981）頃の話ではないかと思う。

#06 ディスコからライブハウスへ

マサミとは新宿のトラッシュ、ツバキハウスの他にも、前述のクライマックスというディスコで出会った人間も多かった。クライマックスは港区西麻布霞町のオリエンタルビルにあったディスコで、そこに通う人間の中に、後にマサミ、ヒロシ、ジムとTHE TRASHを結成するマーチンがいた。高知から上京したマーチンは、先に上京していた地元の友人であり、後にTHE TRASHに加入するヒロマツと共にクライマックスに遊びに行くようになるのが昭和55年（1980）の春頃の話である。

この頃、すでにマサミやヒロシはクライマックスにも遊びに行っていたが、マーチン、ヒロマツとは行き違いのような状況だったのか、半年ほどの間は出会うことがなかった。先に上京していたヒロマツはトラッシュには行ったことがあるようだったが、マーチンは主にクライマックスで遊んでいたようで、トラッシュには行っていなかったこともすぐにマサミ、ヒロシと出会わなかった要因のひとつではあるだろう。

そして、そろそろ昭和56年（1981）を迎えようとする80年の秋頃、マーチンとマサミ、ヒロシが出会うこととなる。

マーチン「その頃、新宿のトラッシュもやってたとは思うんだけど、俺なんかはクライマックスに行ってたのね。当時、トラッシュのことも全く知らなかったから。東京のディスコで最初に行ったのがクライマックスだったね」

今の六本木で言うと六本木ヒルズのちょうど向かい側あたりにあり、周辺には大使館も多いために客の3分の1から半分ぐらいは外国人だったようである。芸能関係の客も多かったという。

マーチン「なにせマサミとヒロシがクライマックスに来たときは衝撃的だったからね。最初はオーラがありすぎて話せなかった。マサミはセデショナリーズのガーゼシャツを着てて、右手には包帯が巻かれてたんだけど義手っていうのは知らなかったから、それもファッションの一部だと思ってて「すげぇかっこいいな」って思ってたのね。それで、ヒロシはセデショナリーズのモヘアセーターに革パンで、モエ・エ・シャンドンかなんかのシャンパンを瓶ごと飲んでたんだけど『そんなのクライマックスにねぇしな』とか思ってた（笑）。マサミとヒロシは店員とかバーコーナーの人とかともみんな知り合いだから、そこからもらってたみたいなんだよね。それでクライマックスに行ったときに何回か会うようになったんだけど、最初の方の3、4回は話しかけずに黙ってたの。怖いし（笑）」

クライマックスに何度も通ううちに、マーチンとヒロマツも店員と仲良くなっていき、自然にマサミやヒロシとの距離も近づいていったようだ。まだマサミはモヒカンにはしていない頃であるが、ヒロシとふたりでかなり目立つ存在だったという。

マーチン「その頃、俺がパチンコで毎日勝ってたんだよね。それでヒロシとマサミに『何か飲む？』って言ったのが最初だと思う。なんとなく和んできてたんだよね。雰囲気ってあるじゃない。ピンと張りつめてたものじゃなくなるみたいな」

トラッシュが短い期間で終わってしまったために、マサミやヒロシが普段集まるのは必然的にツバキハウスかクライマックスになっていったようだ。

マーチン「クライマックスに行くと最初にかかってる曲はニューウェイブ＆パンクみたいな感じで、普段はだいたいニューウェイブなんだよね。それで盛り上がってくるとピストルズとかクラッシュとかになってきて、やっぱ『アナーキー・イン・ザ・U.K.』で盛り上がるみたいなさ。そういう時代だったかな。みんながなんとなくエセ英語で歌っちゃうみたいなさ（笑）。フリードリンク、フリーフードじゃなくて、ドリンクもフードも全部お金がかかるし、場所柄なのかフードも黒パンみたいなのにローストビーフみたいなのとか、なんか小洒落てんだよね。それでその頃に来日したTHE CLASHの誰かが絶対来ると思ってクライマックスに行って、ミック・ジョーンズと写真を撮ったんだよね」

ここまで書いてきたディスコでのマサミと仲間の出会いには、暴力的な話は一切見られない。どうやらディスコという場所は彼らにとって遊びに行く場所であり、気分的にもリラックスしたものであったのだろう。

マーチン「ディスコだと和気あいあいになっちゃうんだよね」

ヒロシ「最初に会ったのがライブハウスだと喧嘩になってんじゃない？　たぶん。ディスコでも喧嘩にはなるけど、ディスコだと女の子もいるし。ディスコは基本ダラダラしてるから、気持ちがホゲーっとしてる（笑）。ライブはそうじゃないから」

クライマックスではなくツバキハウスでのマサミとの出会いではあるのだが、現THE TRASHで元THE CLAYのギタリストであるカズシの場合、マサミとの出会いは少し様子が違った。

カズシ「最初にツバキハウスで、知り合いからマサミちゃんを紹介されたの。そのときはすっごいフレンドリーで『よろしくねー！』なんて言ってたんだけど、その後日、ヒロシと初対面だったんだけどヒロシのことを知らなくて『なんかチャラチャラしたヤツがいるなぁ』なんて思ってさ。こっちもイキがってる18、19歳ぐらいだからヒロシと揉めちゃったのね。そしたら『この小僧〜！』って俺が首にかけてたシドチェーンをつかまれて『うわっ！　ヤバッ！』って思ったら、マサミちゃんが遠くにいたから『マサミちゃん！　助けて！　コイツコイツ！』なんてやったらマサミちゃんが来たんだけど、ふたりにボッコボコにされて『ウソ！　マサミちゃんウソだろ!?　紹介されたばっかりじゃん！』って（笑）」

このカズシにマサミを紹介した共通の知り合いというのは、イギリスのTHE SPECIALSやMADNESSなどがやっていたスカという音楽ジャンルを好む人間たちだったようだが、そうした別ジャンルの人間たちにもマサミは「マサミさん」と呼ばれ、ボスキャラ的な存在だったという。フレンドリーなばかりでは、80年代初期の遊び人たちの間でそういった立ち位置にいることはできないだろう。

マサミやヒロシとはディスコ時代からの古い付き合いであり、現在は栃木県宇都宮市でＢＡＲ椿家を営む修一の話を聞いてみると、その一端がわかるのではないだろうか。

修一「マサミ兄貴との出会いは１９８２年1月30日、THE CLASH来日公演の新宿厚生年金会館の日。渋谷（公会堂）も中野（サンプラザホール）もTHE CLASHの来日は観に行ったんだけど、新宿の日に俺が派手に暴れて目立ってたのかな？　怖いパンクのお兄さんに『お前ら派手に暴れたな！　ちょっと顔貸せや！』と絡まれ拉致された。そのまま車に乗せられて着いた所が六本木のパンク専門のクラブディスコのクライマックス。俺を連れて行ったのはTHE CLAYのボーカルのカズ兄さん。移動中の車の中では生きた心地がしなかった。テレビドラマみたいに『港の倉庫みたいな場所に連れて行かれ、仲間たちが待っていてヤキを入れられるんじゃないか？』とヒヤヒヤしてた。店に入店すると、『お前ら誰だ？　ここはお前らクソガキが来るとこじゃねぇんだよ！』って絡んで来たのがマサミ兄貴。他にもTHE TRASHのヒロシ兄貴、マーチン兄貴、ヒロマツ兄貴とか怖い人がたくさん（笑）。俺も栃木県でいきがって来たけど、オーラや雰囲気が全く違う怖い人たちで、マサミ兄貴にジャックナイフで俺の腕のところを軽く切られて、脅かされすごまれた。普通だったら『何すんだ！ この野郎！』だけど、反発する気持ちゼロ。圧倒感に負けた」

このときのクライマックスには、ここで名前を公表できない日本を代表するハードコアバンドのボーカリストもいたようで、当時の東京ハードコアパンク創成期の中心人物たちもクライマックスに行っていたようである。

修一「マサミ兄貴にナイフで試し切りされて、慌てて俺を車で連れて来たTHE CLAYのカズ兄さんの所に飛んで行って、マサミ兄貴を指差して『あの人に襲われた！ 助けてください！』って言ったらカズ兄さんが『マサミ、こいつ俺が新宿で拾って来たやつで、面白そうだからここに混ぜてやりたくてさ。乱暴にしないでやって！』と 助け舟を出してくれたんだよ」

こんな出会いではあったが、その後、マサミと修一も仲良くなっていく。そこにはマサミ持ち前の仲間となれば大切にする心意気のようなものがあったのだろう。

修一「クライマックスのフロアでパンクの曲に合わせて踊るんだけど、暴れて踊るときにいつもマサミ兄貴の隣に行って、犬が好きな人に戯れ合うみたいにしつこくしつこく抱きついて踊ってたら『シューイチ！ お前な……コラ！ いい加減にしろ！ コラ！ ま、いいか。可愛いなお前！』ってなった（笑）。その後は、もうとにかくマサミ兄貴と俺は月曜日から日曜日まで、ほとんど毎日ディスコに行ってた。新宿ならロフトでライブを観てからツバキハウスへ、みたいな感じで」

多少の暴力的な出会いでも、それを引きずらないのがマサミやヒロシ、マーチンなどTHE TRASHの面々の特徴である。

カズシ「ツバキの一件の後日、屋根裏とかでTHE CLAYの出番が終わった後に『なんだお前CLAYだったのか！』ってヒロシに言われた（笑）」

その後、カズシがTHE TRASHに加入するところを見ても、暴力や揉め事といった大層なものではなく、挨拶程度のコミュニケーションであったのかもしれない。それほど日常的に喧嘩をしていたようで、当時のマサミの左手には拳の部分に殴りダコのようなものができている写真もある。当時のマサミの暴れん坊ぶりを、THE TRASHのオリジナルメンバーであるジムも話してくれた。

ジム「とにかくマサミと出かけるときはね、いっつも目的地にちゃんと着かないんだよ（笑）。ツバキハウスの予定が警察署になっちゃったりとか、鉄道公安室だったりさ（笑）。あんなかっこしてたのなんてあの当時はいないし、新宿駅の構内でやるから（笑）」

こうしてハードコアパンクの世界にマサミは入っていったのだが、その原因はやはり新宿トラッシュだったのではないかと思う。取材を進めていて「マサミさんが最初に行ったライブはなんですかね？」といろいろな旧知の親友たちに聞いてみても、はっきりしたことがわからない。そこで予想するのであれば、恐らく新宿のトラッシュで行われたライブで音楽やバンドに触れ、ライブハウスも面白そうだと感じて通うようになったのではないだろうか。

マサミがいつ最初にライブハウスにパンクのライブを観に行ったのかは特定できなかったが、昭和56年（1981）に屋根裏で行われたザ・スターリンも出演したチフスの解散ライブをヒロシと一緒に観に行っているので、その頃からライブに行くようになったのではないかと思われる。この１９８１年という年は「一体この時期にハードコアパンクの世界で何があったのか？」と驚くほど様々なことがあった。

そしてマサミとヒロシを中心としたディスコで遊んでいた遊び人の不良たちが、ライブハウスに通い出すようになり、界隈の人間たちから「トラッシュ連」と呼ばれるようになっていく。それによってライブハウス文化とディスコ文化が融合していくのだが、それも１９８１年のことだった。

東京ハードコアパンクの礎

#07

マサミが「トラッシュ連」と呼ばれ、ライブハウスシーンに関わる前に、当時のアンダーグラウンドライブハウスシーンについて書いておかなければならないだろう。マサミがトラッシュでバンドや音楽に触れ始めた昭和56年（１９８１）という年だが、日本のハードコアパンクの世界においてこれほどまでに重要な年はない。

81年11月1日にGAUZE主催の「消毒ＧＩＧ」第1回目が新宿キモノマイハウスで行われる。恐らく東京において最初のハードコアパンクのイベントとして銘打たれたＧＩＧは、この「消毒ＧＩＧ」第1回目になるのではないだろうか。同時にGAUZEがこの日デビューとなる。

そして同じ年の9月頃から行われていた新宿ジャムスタジオ（通称：ジャムスタ）でのシリーズＧＩＧ「エモーショナルマーケット」が12月25日に行われるのだが、この１９８１年に行われたふたつのＧＩＧが、東京でのハードコアパンクの始まりだろうと思う。

81年に産声をあげた日本のハードコアパンクであるが、昭和55年（１９８０）にファーストシングルを含む3枚のシングル、翌年に12インチアルバム『WHY』を発表したイギリスのDISCHARGEの多大なる影響によってこのムーヴメントが起きたと言っても過言ではない。中でも81年に発売された『WHY』によって、日本のハードコアパンクが出現したと言ってもいいだろう。しかしDISCHARGEの影響はあくまでもサウンド面であり、DISCHARGEやCRASSの反戦・反核思想の影響もあったが、精神的な部分においては個人的には世界と一線を画した日本特有のものがあったと思っている。そして今回の取材を進めるうちに、日本のハードコアパンクに大きな影響を与えた非常に重要なバンドがあったことを知った。BODIESである。

一般的な日本のアンダーグラウンドパンクシーンの系譜によると、ザ・スターリンやチフスが東京のハードコアに与えた影響が大きく、源流なのではないかと言われている場合が多くある。確かにザ・スターリンの影響は大きいだろうし、チフスの存在も大きい。しかし様々な人間に話を聞いて調べていくと、ザ・スターリンが始まる前から活動していたBODIESというバンドの存在が、東京のハードコアパンクにとてつもない影響を与えていたことがわかった。

BODIESのメンバーは、ピル（ドラム）、アクト（ベース）、イクオ（ギター）、ハリー（ボーカル）というメンバーで、のちのLIP CREAMのピルと、BAD LOTSやL.O.Xでマサミと活動を共にするアクトが在籍していたバンドである。BODIESと名乗っていたが、「BODIE」とSのない呼び方で言う人間も多くいる。途中からBODIEになったとの説と、一時活動を停止していて復活したラストライブのときにBODIEと名乗った説があるバンドである。

東京ロッカーズムーヴメントの終焉が近い頃に活動を始めたと思われるが、正確なデビュー年月日などはわからない。しかし、それまであった東京ロッカーズや東京ニューウェイブとは異なる、新しくハードなサウンドと過激なステージによってBODIESのファンはかなりの数が存在し、その観客の中にはのちの日本ハードコアパンクシーンの中心となる人間が数多く存在した。

しかし、残念ながら、BODIESのレコードなどの音源は一切存在しない。筆者は友人から81年6月13日のラストライブを録音した音源をもらったが、そのハードでロックンロールを基調としたサウンドは、motörheadやTHE STOOGESを彷彿させるようにも思える。

ジュネ「BODIEは俺がロンドンに行く前から、アクトたちが始めたバンドだね。ピルが元々クレオパトラっていうグラムバンドでドラムを叩いててさ。俺とアクトでクレオパトラのコンサートにスカウトかなんかに行ったのかな？ それでいつの間にかピルと俺とアクトと3人で遊ぶようになってさ」

EBBY「あの頃、じゃがたらはBODIESとやってて、BODIESはまあ言ったらネオパンクみたいな？ SEX

PISTOLS直系みたいな？　サウンドテイストは結構ハードな感じで、とにかく音がデカかった。かなり爆音だった」

ジュネ「BODIEは、パンクっていうよりもmotörheadを目指してたんじゃねぇかなぁ。少なくともアクトとピルはそんな感じだった気がするけどね。イクオだってそんなチャラチャラしたロックンロールじゃなくて重い音だったしさ。イクオは外人の女を連れててさ、背はちっちゃいんだけどシド・ヴィシャスみたいな顔をしてて、すごくパンクパンクした感じのやつで。そこにアクトとピルがいたんだから、ある意味純粋な日本のパンクバンドだよね」

サウンド面でもそれまでになかったハードさを持つバンドだったようだが、ステージやライブでも、それまでアンダーグラウンドシーンの中心であった東京ロッカーズなどとは違ったバンドだったようである。

ジュネ「ピルとかアクトは普通にあっちこっちで暴れるし、ライブでもまずピルが瞬間湯沸かし器だからドラムをバーンってやっちゃったりね。ライブ関係なく街でもそうだし家でもそうだし、ほんとすげぇこといっぱいあったよ（笑）。BODIEのライブのときに変なモヒカンが暴れてさ。自分たちも暴れてるくせに人が暴れるとボコボコにするからさ（笑）。それで、そのモヒカンがピクピクいってて、もう白目剥きそうになってるのに、ハリーがブロックぶつけようとするから、俺が『やめろ』って言って止めたんだけど、その後、みんなで渋谷警察署に連れて行かれてさ。あのときの楽しそうにブロックぶつけてやろうっていうハリーの顔が忘れられない（笑）」

EBBY「東京ロッカーズはおしゃれ系だから。BODIESはライブでも過激だったなぁ。音のデカさと一緒で。俺の記憶ではピルは対話ができるちゃんとした人間だったね。たまに兄貴肌なところがあったり。あと、あいつは強い。当時、何かでキレたの見て、『あ、こいつだけは敵にしたくない』って思ったもん（笑）」

BODIESの前にピルがやっていたクレオパトラというバンドはグラムロックのバンドだったようだが、GAUZEのベーシストであるシンはクレオパトラを観たことがあるという。

シン「俺はまだそのとき群馬に住んでて、東京行ったらバンド作ろうとかいろいろ考えながらライブに行ってたんだけど、池袋のライブハウスでクレオパトラを観たんだよ。俺はパンクから音楽に入ったからロックを知らなくて、グラムロックって名前も知らなかったし、化粧しててもパンクバンドだと思ってたんだよね。そしたら客席からステージに椅子をガーンとか投げると、ステージからマイクスタンドがガーンと飛んできたりとかで『楽しい〜!』とか思ってさ（笑）。昔って暴れてナンボって世界じゃん。だから楽しいと思ってBODIEも観に行ったんだよね。『黒いシミ』って曲があって、ものすごいかっこいいの。俺、今でも覚えてる」

BODIESの活動期には、アンダーグラウンドシーンで注目を集め、様々な人間がBODIESを観に行くようになる。

ヒロシ「ショーダウンってバンドとか鉄城門っていうバンドがいて仲良くってさ。たぶん、その頃にBODIESを観たと思うんだよ。ロフトではなかったような気がする。屋根裏か吉祥寺の曼荼羅かマイナーか」

シン「俺がイクオを初めて見たのは『ミュージック・ライフ』か何かの音楽雑誌で、GENERATION X のビリー・アイドルが日本に来たときに、ビリー・アイドルとふたりで撮った写真が載ってて『かっこいいなー、イクオ』と思ってさ」

当時、BODIESのライブを観に行っていた客である、納谷さんと鈴木さんにも話を聞くことができた。

納谷「僕はBODIESのファンで、BODIESに来てたのがKANNONとかGAUZEのモモリンとかTHE CLAY作ったヨっさんとかGAUZEのヒロの彼女になったヒデマルとかで、THE TRASHのヒロシ君もよく来てた気がする。マサミ君はいなかったかな。トラッシュ連はツバキハウスとかそういうディスコ系の人たちで、全然人種が違ってた。音楽ではなく文化のところから入ってきた人たちっぽいなと思ってて、見た目がとてもイギリスチックで、みんなおしゃれでしたね」

鈴木「東京って、いわゆるロンドン的なパンクが無かった印象なんですよね。ニューヨークに近い感じかな? だからその頃、ロンドン的な感じでやってたのがBODIESだったかなぁと。あとは、ザ・スターリンやアナーキーが別な感じで人気が出てきてましたけど、アンダーグラウンドとしてはBODIESでしょうね」

KANNONもBODIESをよく観に行っていて、同時にザ・スターリンもよく観に行っていたという。

KANNON「俺はザ・スターリン目当てに来てる客が俺ひとりみたいなライブにも行ってるけど、バンドが始まったのはザ・スターリンよりBODIESの方が全然古い。80年の終わりか81年の始めにイクオが捕まって、81年6月に『BODIE復活』っていうライブをやったんだけど、それ以降やってないから、実質それがBODIESの最後のGIGだったんじゃないのかな」

BODIESはトラッシュにも出演している。取材で聞いた話と資料として残っているものには、81年3月1日から8日間連続で行われた「無差別GIG」がある。主催はザ・スターリンのミチロウで、出演者の中にBODIEの名前がある。恐らくではあるが、この「無差別GIG」や他にも行われていたトラッシュでのライブによって、マサミがアンダーグラウンドシーンに触れ、バンドや音楽という道に興味が湧いたのではないかと考えることもできる。

ヒロシ「トラッシュではいつもなんかライブをやってたんだよ。普段はディスコをやってるけど、ライブの日はライブやりますよって。あんまりいい機材じゃないから結構適当だけど」

シン「俺はトラッシュには2回しか行ったことがないから。チフスで1回出て、もう1回はBODIEを観に行ったことがあるんだよ。それ以外は俺はディスコとか行ったことないから」

BODIESが活動をスタートした後にはザ・スターリンもライブをやり始め、チフスもザ・スターリンとよく一緒にライブをやるようになっていく。BODIESの活動スタートが一番早いが、この3バンドは81年の同時期に、同じアンダーグラウンドシーンの非常に近い関係の中で活動している。しかし、後のハードコアパンクへの影響が一番と言っていいほど大きいバンドであるにも関わらず、何故今まで様々な情報にBODIESの話がなかったのか不思議である。それほど東京アンダーグラウンドシーンの中心として、観客のみならずバンド側の人間たちの心に深く刻まれるバンドであった。

そして、BODIESは81年6月13日の渋谷屋根裏でのライブを最後に、再びライブをやることはなかった。しかし、それまで行われていたBODIESのライブに魅了された人間は多く、あらゆる意味ですさまじく、素晴らしくかっこいいバンドであったBODIESが、筆者にはどう考えても東京のハードコアパンクシーンの礎だったとしか思えない。その思いを当時のBODIESを知る人間たちにぶつけてみたのだが、異論が出てくることは全くなかった。

前述の東京ロッカーズ時代から観に行っていた、納谷さんと鈴木さんの他にも板垣さんという、客として当時のシーンを知る人物もBODIESについて重要なバンドだと語っている。

納谷「FRICTIONはかっこいいけど、はっきり言ってパンクバンドがみんなかっこ悪かったんです」

板垣「純粋な東京のシーンに出て来た中で、重要なのがBODIEですよ」

それにより筆者は、ザ・スターリンでもなくチフスでもなく、BODIESこそが東京ハードコアシーンの礎だったと確信に至ったのである。これは間違いのない事実であると言ってよいだろう。

シン「今じゃ考えられないけど、ライブハウスって治外法権だったんだよね。俺はBODIEに関しては怖かったからぁんまり暴れなかったんだよ（笑）。だって、ピルとアクトとイクオとハリーだぜ？　新宿のＡＣＢ会館でチフスがライブやったときに、BODIEが来てるって噂が流れてさ。当時のＡＣＢってスタンディングじゃなくて客席に椅子があるんだけど、俺の前の最前列にBODIEの3人といつもいる取り巻きひとりが座って観てんのよ。いつ乱入するかと思ってあれは緊張したねぇ。乱入はしなかったけど『ヘタクソー』とかヤジは飛ばされてさ。俺はBODIEが好きだったんだけど、BODIEは俺のことが嫌いだったんだよね。日比谷の野音でボッコボコにされたけど（笑）。その頃、BODIEは俺たちのことが目障りだったみたいなんだよ。ザ・スターリンもそうだよ。チフスはザ・スターリンにくっついてたっていうのも嫌だったのかもね」

そして、チフスの解散ライブが、ザ・スターリンと共に行われる。そのライブにはマサミとヒロシが行っていて、様々な出来事が起きることとなるのだが、それがBODIESラストライブの約1か月後である81年7月20日渋谷屋根裏での出来事だった。

パンクとの接点

昭和56年（1981）という日本にハードコアパンクが出現した年であるが、東京のハードコアパンクバンドに多大なる影響を与えたBODIESの解散後、同じく日本のハードコアパンクの先駆けと言えるバンドであるチフスの解散があった。チフスは当時、ザ・スターリンと活動を共にすることが多く、ザ・スターリン、チフスとBODIES周辺とでは、相容れない雰囲気のようなものがあったという。ザ・スターリンのミチロウ主催によって新宿トラッシュで企画され、8日間にわたって行われた「無差別ＧＩＧ」では、BODIEとしてその名を連ねていたが、当時、ザ・スターリン関係と様々な軋轢があったのも事実のようだ。

取材をしている中で、ザ・スターリンは当時のアンダーグラウンドシーンのバンド側には快く思っていない人間も多く、裏を返せばかなり目立った存在であったと言えるだろう。実際、同時期に活動していたバンド側の人間とは違い、観客として観に行っていた人間たちは、ザ・スターリンもBODIESも観に行き、後のハードコアパンクの観客たちにも、ハードコアパンクのＧＩＧとザ・スターリンのライブの両方に行っていた人間が数多く存在した。ザ・スターリンの存在はパンクスにとって大きなものであったが、目立つ存在であればあるほど標的にされるのも、仕方のないことだと言えるだろう。

しかし、話題になれば観に行く人間がいるのも自然なことだ。ザ・スターリンを観に行く人間が多くなる中で、マサミとヒロシもザ・スターリンを観に行くこととなる。そのライブが81年7月20日に渋谷屋根裏で行われた、チフス解散ライブの「法定伝染ＧＩＧ FULL VOLUME 5」だった。

ザ・スターリンは、音楽性よりも豚の臓物や頭を投げる、全裸でマスターベーションをする、観客の最前列にいた女性に口淫をさせるなどのパフォーマンスで、過激と言われ話題になっていくが、そういった音楽性以外の話題が先行

法定伝染

FULL VOLUME 5 GIG

7.20 ,YANEURA,6:30~,1000,

発信チフス TEL PM8:00-PM10:00

チフス解散GIGのフライヤー

して目立つ方向性も、他のバンドたちとの間に軋轢を産む原因だったのかもしれない。当時のザ・スターリンについて、同時期にバンドをやっていた人間たちの印象は、概ねあまり良いものではなかったようだ。

ジュネ「俺がちょうどロンドンから帰って来てさ、ちっちゃい芝居小屋みたいなところでパンクバンドがやるとかいうんで観に行ったんだよね。そしたら、すげぇガキが、目の前にいる女の子の頭掴んで激しく降ったりとかしててさ。『俺たちが暴れてたのがこんなとこに悪影響で伝わっちゃったのかなぁ』なんて思ったんだよね。でも、女の子をぶん殴ってるわけでもなくて、頭掴んでガーっとやってるだけで、客にもパンクとかがいる感じじゃなくてさ。パンクのＧＩＧだっていうから行ったんだけど、それがどうやらザ・スターリンだったみたいで、俺がガキだと思ってたのが俺よりも3つも4つも上だった（笑）」

EBBY「ミチロウはステージではアクティブなキャラだったけど、オフステージはちょっとマジメな文学系キャラだったんだよね。アケミは『あいつは暗い』みたいなことを言ってたな（笑）。アケミは山口冨士夫や町田町蔵、伊藤耕とは即仲良くなったけど、ミチロウとは当時、仲が良かったという記憶は俺にはないなぁ。ミチロウは人間的にファンキーなキャラではなかったような気がする。俺はミチロウとは当時は話したことないから確かなことは言えないけど。ザ・スターリンはサウンド的に何故か興味なくて、レコードはほぼ聴いてなかった。俺の記憶ではじゃがたらが最初にザ・スターリンと対バンしたのは、確かＡＣＢ会館だよ。そのときにミチロウが2階席から飛び降りて足を怪我しちゃって。当時のザ・スターリンはステージで臓物撒き散らしてたじゃん。たまにじゃがたらとスターリンを混同してるやつがいて『じゃがたらがステージで臓物撒き散らしてる！』って。『おいおい、じゃがたらはやってないから！　違うぞ！　一緒にするな』みたいな、今で言う風評被害。お互いスキャンダラスなイメージがあったにせよ、そこは違うぞと。アケミは臓物撒き散らすキャラじゃない（笑）」

シン「たぶん、ザ・スターリンはBODIEに嫌われてたと思うんだけど、もうひとつはリザードにもザ・スターリンは嫌われてたのよ。確かザ・スターリンはリザードに袋叩きにされたはずだよ。俺たちチフスのライブ活動期間は1年もなかったけど、その8割ぐらいはザ・スターリンと一緒だったから、やっぱりチフスも目障りだったんだろうねぇ」

リザードに袋叩きにされた事件というのは、実際に袋叩きにされた訳ではないと、現場にいた納谷が話してくれた。

納谷「あれは確か筑波大学の学園祭のときだったと思うけど、当時ザ・スターリンのギターの金子さんが、リハのときに『ファシストリザード』って叫んだんですよ、それを聞いちゃったモモヨがナイフ持って締め上げて、パンクってのは痛いんだよって。そしたら『暴力堪忍やぁ〜』ってなっておしまい。だからボコボコっていうより脅された。それでもうすっかり頭が上がらなくなったけどね」

筆者は以前、ミチロウにインタビューをしたことがある。そのときにザ・スターリンについていろいろ聞いてみたのだが、その中で様々なライブ会場を出入り禁止になったザ・スターリンについてこう言っていた。

ミチロウ「屋根裏にしてもロフトにしてもほかのところにしても、THE STALINがめちゃくちゃなわけじゃないんですよ。お客さんが会場近辺や会場の中でもグッチャグチャにやるからダメだっていう感じだったんですよ」

（「遠藤ミチロウが語る、THE STALINとブラックユーモア『自分がパンクっていうふうには考えてない』」リアルサウンド、2017年12月28日記事参照 https://realsound.jp/2017/12/post-143852.html）

とはいえ臓物や動物の死骸などを投げ、全裸でマスターベーションなどもしていたわけで、今であればそれでも十分出入り禁止の理由にはなるだろう。しかし、それ以上に客が過激だった時代でもあるため、バンドと観客の両方の相乗効果によって話題になるほどのライブとなっていたようで、当時のことを観客であった板垣や鈴木、納谷が話してくれた。

板垣「ザ・スターリンは、当時俺たちが欲してたパンクロック感を持ってたんだよね。スピード感とかサウンドとか。だから、あっという間に人気が出たよね。それで、初期の頃にライブを盛り上げたのは本当に納谷でした。そもそもミチロウが、残飯とか腐ったトマトとかを『これみんな投げてくれない？』とかそういうノリだったから。それでみんなで盛り上げてた」

鈴木「俺、横浜国大でミチロウが投げた豚の頭を投げ返して（笑）」

納谷「あれ重いんだよ（笑）。ミチロウが勝手に買ってきて用意してるの。元々ステージでおしっこをし出したのはじゃがたらのアケミさんで、うんこもしてたし。それを真似してミチロウもおしっこしようと思ったんだけど、緊張して出ないんだよね。その後、コツを掴んだらしくて、いっぱい水を飲んでおしっこしないで我慢してるとできるって（笑）」

こうして当時の東京アンダーグラウンドシーンでかなり注目を集めていたザ・スターリンが、81年7月20日に屋根裏で行われたチフスの解散ライブに出演し、マサミとヒロシと遭遇することとなる。

ヒロシ「チフスは俺、解散ギグの1回しか観てないんだよ。そのときにザ・スターリンも観たんだけど、鳩の死骸をミチロウが振り回してたら、マサミや俺とかにドーンって当たって、それでプチッってキレてミチロウを引っ叩いたら、途中でステージ降りて逃げて帰ってしまって、楽屋から出てこなくなっちゃってさ。別にミチロウがどうこうって言うんじゃなくって、鳩の死骸が当たったっていうことだけなんだけどね」

しかし、この事件により、ライブハウス内は騒然となってしまったようだ。

ヒロシ「俺たちが殴ったからミチロウが帰っちゃって、途中でライブがグダグダになっちゃったじゃない？ それで、客のみんながブーブー言い出してさ（笑）。その中のひとりにGAUZEのヒロがいて、怒りの収まらない俺たちはヒロとも喧嘩になったんだよ。それで、オワマリが来るのがめんどくさいからって俺らはさっさと逃げちゃったんだけど、その後に随分経ってから『あのときいたんだぜ』ってヒロが言ってきたんだよね。マサミがヒロとその話をしてたらしくてさ。そのときには誰だか全然覚えてないから、後になってヒロだってわかったんだけど。その日はGAUZEのフグもいたみたいなんだよね」

シン「マサミとヒロシがミチロウを殴ったって話を、俺は知らないんだよ。でもあの日、マサミとヒロシがいたのは知ってる」

まだチフスを始める以前から、シンは東京のアンダーグラウンドシーンの中でも目立った存在だったようだ。目立つ存在であった人間がバンドを始め、ザ・スターリンといつも一緒にやるようになっていくことで様々な軋轢があったとしても頷ける。

シン「その頃、俺は田舎から出てきたばっかりで、怖いもの知らずだったんだよね。ものを投げて暴れるのがライブハウスだと思ってたんだよ。見たことねぇやつが変なカッコして暴れてるっていうんで目障りだったっていうのもあったんじゃないのかな？」

KANNON「俺はシンとは最初、口きかないようにしてた。『あいつらザ・スターリンでこの頃目立ってんなぁ』みたいな感じなのが何人かいて、その中でもシンは特に目立ってて『気に食わねぇなぁ』みたいな感じなんだけど、特に喧嘩売るわけでもなかったし」

シン「マサミとヒロシのことを、俺たちは当時『トラッシュ連』って呼んでたんだけど、トラッシュ連とかBODIEとかは俺たちのことをよく思ってなかった感じなんだよ。だからマサミと初めて会ったというか、ライブハウスで顔を見たのは、チフスが屋根裏でやった解散ライブのときなんだけど、俺はそのときにえらい目に遭ったからね」

どうやらマサミとヒロシはザ・スターリンのステージだけではなく、チフスのステージでも事件を起こしていた。ヒロシの話を聞くと、マサミやヒロシはザ・スターリンやチフスを嫌っていた様子は感じられない。その場その場で起きる出来事に、マサミとヒロシなりの方法で対処していただけに思えるのだが……。

シン「その日、俺たちがライブをやり終わって、ヘロヘロでステージを降りた瞬間に、いきなりどっかから殴られて。ヘロヘロでベース持ってる状態だから倒れるじゃん。そしたら、靴底が7、8個見えてさ。ボコボコの袋叩きにされたのよ。たぶんあれ、4、5人はいたね。でもそういうのって当時は日常茶飯事じゃない。よく喧嘩とかあったから、別にそれに恨みがあるわけじゃないし気にしてもいなかったんだけど、それがマサミとヒロシと、まだ会ったこともないヒロとフグだったんだよ（笑）。ヒロもそのときイギリスから帰って来たばっかりで、向こうのパンクを観てたから日本のパンクを観に来て、フグはヒロとは田舎の友達だから一緒に来てたんだけど、なんか気に入らなかったんだろうね」

後にGAUZEのメンバーとなるシンとフグ、ヒロの関係が始まったのもこの日だったと言えるのかもしれない。しかし、ザ・スターリンとチフスが、一部の人間たちからはあまり快く思われていなかったことがわかる話である。この日のライブに、のちにGAUZEのギターとなるモモリンは行っていなかったようだが、事の顛末は当事者から聞いていたようだ。

モモリン「チフスが演奏しているときに、共演した女性バンドのボーカルが前列で観ていたらしく、シンがその女性になだれ込んで倒しちゃったみたいで、それを見ていたフグかヒロが『これは許せない！』みたいになってシンをボコったみたい（笑）」

シン「ヒロとフグは俺を袋叩きにしといて、1か月後にメンバー募集で俺に会いに来てるんだぜ？（笑）。GAUZEを始めて2、3年してからさ、『実はシン、あのとき痛かっただろ？ ごめんね』とか言って（笑）。そんなことがあったんだけど、マサミとヒロシのふたりは目立つからチフス解散ライブに来てたのは覚えてる。でもその日には話もしてない」

KANNON「チフス解散ライブの日の直後に、裏切りではないけど『チフスのやつとモモリンが一緒にバンドやることになった』とかいうことになってさ。練習か初ライブからかな？ 俺がGAUZEの追っかけみたいにライブに行ってて、シンと仲良くなったんだよね」

恐らくではあるが、トラッシュで観たライブとこのライブを機に、マサミはハードコアやパンクという世界に身を投じていくようになったと考えられるのではないだろうか。

この日のライブの4か月後の81年11月には第1回目の「消毒ＧＩＧ」があり、GAUZEがデビュー。12月には事情により名前の書けないあのバンドなどが出演した、新宿ジャムスタジオでの「エモーショナルマーケット」が開催される。そして新宿のトラッシュも、81年の終わり頃と思われる時期に無くなってしまう。BODIESのラストライブ、チフスの解散、GAUZEの結成、あのバンドの結成、トラッシュでのライブの数々と閉店などの事実を見ても、１９８１年という年が日本のハードコアパンクシーンにとって非常に重要な年だったことは、間違いのない事実である。

上記のバンド以外にも、活動などはまだまだできる状態ではないが、同時期に結成だけはされていたバンドがある。マサミとヒロシのTHE TRASHだ。そしてマサミは、始まったばかりの日本のハードコアパンクシーンで中心的な存在となっていくのだが、ハードコアパンクの人間たちと接点を持つようになるのは、昭和57年（１９８２）に入ってからだと思われる。

トラッシュ連

#09

昭和56年（1981）に産声を上げたと言っていい日本のハードコアパンクだが、同年11月の「消毒GIG」、12月の「エモーショナルマーケット」を皮切りにして、昭和57年（1982）に入ると次々にハードコアパンクのライブが開催されていくようになる。これを機に東京でハードコアパンクバンドが続々と登場し、様々なライブが行われるようになった。

東京アンダーグラウンドシーンや、のちにハードコアパンク周辺と様々な軋轢や確執があったザ・スターリンではあるが、82年1月には、渋谷プルチネラでTHE EXECUTEのデビューライブが行われ、このライブの企画者は、当時まだザ・スターリンに在籍していたギターのタムであった。ザ・スターリンではタム以外にも、ベースのシンタロウがハードコアのライブにも来ていたようで、よくハードコアの人間たちと遊んでいた女性たちの家に、友人たちに連れられて顔を出したこともあったという事実から見ても、どうやらザ・スターリンというよりは遠藤ミチロウとの確執が多かったと推測される。

当時、タムは「ADK DAY」というライブの企画をやっており、これがその後、日本のハードコアやパンクバンドの名作を次々と制作したADKレコードの大元であると思われる。その企画にはハードコアパンクのバンドも出演しており、THE EXECUTEのギターのレミーに話を聞いてみると、タムとは軋轢や確執などはなかったように感じられる。

レミー「タムはまだその頃、ザ・スターリンやっとったと思うぞ。ちょうど『爆裂都市 BURST CITY』（1982年）って映画に出とったやろ？ あの頃と思うんよな。ザ・スターリンもやりつつ、ライブも『ADK DAY』とかいうのをちょいちょいやっとったんじゃ。レコードはまだ流石に出しとらんからレーベルではないけどな。THE EXECUTEで、12月の『エモーショナルマーケット』に出ようとしとったわけよ。主催者に音源も渡して『12月のエモーショナル出れるかな？』って言うたら、いやもう決まってていてとかどうのこうの言われてよ。『音源を聞いてくれたんだったら出してくれよ』って食い下がったんやけどな」

当時の話を、「エモーショナルマーケット」企画者である高橋氏にも聞いてみた。

高橋「『エモーショナル』はもっと前からやってたんですけど、ハードコアってくくりで最初にライブをやったのが、81年12月25日の『エモーショナル』の3回目ですね。THE EXECUTEもデモテープを送ってきて、レミーから電話があって『出させてくれ』って言われたけど、そのときは出演バンドがいっぱいで断って、それをずっと後まで怒ってましたよ（笑）。その後、仲良くなって、よく遊んだりしたんですけどね」

レミー「あの頃はバンドがまだ少なかったからな、『エモーショナル』も『消毒』もパンク系＋ニューウェイブのバンドも出たりしとったんよ。『こんなしょうもないん出すんやったらうちら出せ！』言うたら、『いや、そんなこと言われても』って言われて、『ならいいわ！　お前んとこ出んわ！』ぐらいのことを言うて電話を切ったんよ（笑）。それで困ったなと思うて、タムに『ちょっと聴いてください』みたいな電話かけて音源を送ったら電話がかかってきてよ、『なかなかいいから、今度、渋谷でやるライブに出てくれますか』みたいに言われて出たんよな。それが82年1月のプルチネラで、THE EXECUTEのデビューやったと思うわ」

81年にGAUZEのデビューやあのバンドのデビューがあり、82年に入ってTHE EXECUTEのデビューライブが行われる。マサミとヒロシが行ったチフスの解散ライブ以降に行われた、この東京で最初の3つのハードコアのライブにマサミは行っていない。

レミー「たぶんマサミはプルチネラには来てなかったと思うわ。ただ、あのへんの誰かがひとりぐらいはおったかもしれんけど。でも、誰とも話をしてないのと、こっちはデビューだろ？ 他のバンドのメンバーとか全員と初対面やから、完全な部外者扱いでな（笑）。ワシらのライブ中も遠巻きに観とるだけで、さっきあのバンドがやっとったときは調子よくウケとったのによ、THE EXECUTEに入れ替わった途端にみんな後ろの方に行ってジッと観とるだけでな、もんのすごい完全な部外者扱いやったわ（笑）」

こうして82年になると、様々なハードコアパンクのライブが行われるようになっていくが、まだマサミはハードコアのライブには行っていないと思われる。

レミー「プルチネラでやってその次よ、キモノマイハウスでやったんよな。それは自分らでキモノマイハウスをブッキングして、あのバンドと、後であぶらだこをやったイズミのバンドとワシらの3バンドでやったんよな。そのときもマサミはおらんかったと思うんよな」

驚くことに、「消毒ＧＩＧ」第1回目も行われたこのキモノマイハウスが、後にトラッシュの移転先となり、わずかな期間であると思うが、営業をしていたようだ。

ヒロシ「81年に俺がちょっとの間、トラッシュに行けない期間があって、そのときにトラッシュがライブやってたキモノマイハウスに移ったんだよ。でも移転した後はライブを観に行っただけだから、ディスコとしては知らない」

GAUZEの「消毒ＧＩＧ」1回目や、THE EXECUTEのライブが行われた後にトラッシュがキモノマイハウスに移転したと思われるので、恐らく移転したのは82年の春頃かその前あたりではないだろうか。その頃のマサミは、クライマックスやツバキハウスなどのディスコを中心に遊んでいたと思われるのだが、82年頃には「トラッシュ連」として、パンク界隈の人間たちにはバンドではない特殊な一味として認識されていた。

マーチン「トラッシュ連ね。変な噂があってね。会えばボコボコにされてタコ部屋に入れられる、女はマカオの片道切符で売り飛ばされるって。やるわけないだろって（笑）。そんな噂があった」

レミー「トラッシュ連っちゅうんがおってどうのこうのって言うんは聞いとったんよな。ただ、まだバンドはやってなかったと思うんよな」

当時の「トラッシュ連」と呼ばれる人間たちは、マサミとヒロシのふたりを筆頭に、バンドとしてではなく集団として認識されていた。恐らくトラッシュで遊んでいた常連たちなどを中心に、ディスコで遊んでいた遊び人で、ライブにも来るようになった人間たちのことだと思われる。それもトラッシュで行われていたライブの数々を観に来ていた客たちによって、トラッシュの常連たちの総称としていつしか「トラッシュ連」と呼ばれるようになっていったのではないだろうか。

当時、トラッシュ連を目の当たりにしていた人間たちにも話を聞いてみた。のちにSQWADでマサミとバンドをやることになる鉄アレイ結成前の荒野も、当時のトラッシュ連を知る人間のひとりだ。

荒野「トラッシュ連の中に、ヤバい瞬間になると必ず現れる人がいて、金属バットを持って歩いてるんだよ。金属バットを持って歩いてる人には、さすがに目は合わせられなくて『こんにちは』も言えなかった。他のヒロシさん、マサミさんあたりは、おしゃれでかっこいいから『見ていいんだな』って思ったけど、見ちゃいけない人ってのがたくさんいた。だって金属バットを持ってんだもん（笑）。目が合ったらダメじゃん。この人と目が合ったら、たぶんやられちゃうじゃん。『ああ、痛いだろうなぁ』って、そこまで想像できちゃうから。そことも繋がってる人たちなわけよ、ディスコにいる人たちは」

BODIESをよく観に行っていた納谷も、ライブハウスでトラッシュ連の人間たちをよく見かけていたという。

納谷「なんかちょっと変わった集団がいて、その人たちはいきなり喧嘩を始めるんですよね。渋谷の屋根裏にFOOLSとか元自殺の人たちのロックンロール系のバンドを観に行くと、パンクっぽいっていうか目立つ人たちがいて、だいたい揉め事を起こすんですよね。喧嘩を売る相手も、ちょっとイキがった感じの人で。ひとり横浜で仲のいい友達がいて、そいつがいわゆるトラッシュ連だった。僕らといるときは暴力的なところは見せないんだけど、やっぱりなんかのときにすぐプチッとキレて、いきなり手を出す人なんですよね。喧嘩する気はないんだけど、いきなり絡まれるから『なんだよ?』ってことになると、もう戦闘態勢に入っちゃう。やっぱりそういう要素がないと、トラッシュ連とは呼ばれないのかなと思いましたね」

ヒロシ「でも俺はBODIESを観に行って、喧嘩になった記憶はあんまないんだよな。あんまり喧嘩のイメージって俺にはないもん。まぁあったのかもしれないけどね。あれじゃねぇか？ 酒が入って何かあると、すぐにプチッて切れて（笑）。別に喧嘩をするつもりはないんだけど、舐められてたまるかって（笑）。とりあえず全員敵だったから」

他にもトラッシュ連に関してはいろいろな噂が飛び交っていたようだが、当時、アレルギーで活動していた宙也のトラッシュ連への印象は少し違うものであったようだ。

宙也「噂は聞いてたけど、俺にとってはマサミもトラッシュ連もちっともそんなイメージなかったよ。会って目が合えば、今と同じいつもニコニコの気のいい兄ちゃんたち。マサミとかトラッシュ連がいつ頃から来てたのかは、正確にはわからないなぁ。いつの間にかマサミもヒロシも水曜日のジャムスタにいて、お互いにいつもいるようになった。アレルギーのライブで、客がまばらな中、真ん中辺で体育座りして観てるカッコいいやつがいるなぁってのをよく覚えてる。それがマサミだった」

当時をよく知る女性たちに話を聞いてみても、トラッシュ連は大人のかっこいい不良たちというイメージであったようだ。

ミサ「最初、トラッシュとか聞いてもバンドな訳じゃないし、なんなの？と思ってたら、店の名前だったと。クラブとかで遊んでる人なイメージだったかな。たぶん、トラッシュ連で一番懐けたのはマサミだなぁ。トラッシュ連は六本木のクライマックスで見かけてはいたけど、マサミと話すようになったのはたぶんハードコアのライブかなぁ？　外でたむろってるところに話しかけてきてくれたりして。そもそもトラッシュ連とハードコアパンクのバンドの人たちは遊ぶ場所も違ったし、THE TRASHがバンドだなんてだいぶ後に知った気がする。歳も少し上だし」

ユカ「トラッシュ連は怖い人たちって言われてた。本格的にバンドをやり始める前は、トラッシュ連は遊び人だったよね。ライブにも来てたけど、新宿二丁目とか六本木で遊んでたり。昔流行ってたカフェバーとかの人たちと仲良かったりしてた」

マユミ「トラッシュ連とは、ツバキで顔見知りになった記憶。マサミと知り合った頃、彼はまだバンドもやってなかったし、ツバキでよく会うパンクお兄さんだった。マサミとはクライマックスだけでなく、西麻布のピカソにも遊びに行ったし、海に行ったり、バースデーも何回かお祝いしてもらったり良くしてもらった。私には楽しかった思い出しかない」

ライブハウスで音楽文化として始まったハードコアパンクと、ディスコで遊んでいた文化のトラッシュ連とは、印象が明らかに違ったようである。まさにこの時期、ディスコの不良文化と新しく台頭したハードコアパンクが融合し、異文化交流が始まった時代であると言えるだろう。

そしてトラッシュ連が、クライマックスであのバンドの人物と出会い、T大で行われたオールナイトイベントに行くこととなる。それが82年5月のことだった。

T大オールナイトGIG

#10

昭和57年（1982）に入り、マサミはハードコアパンクのライブにも行くようになるのだが、そのきっかけはディスコでの出会いだったと思われる。すでにトラッシュは無くなってしまっていたが、ツバキハウスやクライマックスなどで遊んでいたマサミは、この頃に多くのハードコアの人間たちと出会うことになる。当時、ハードコアパンクバンドを始めた人間の中で、一部の人間たちがディスコにも行くようになり、そこでマサミやヒロシのトラッシュ連と遭遇していく。この出会いによって、マサミもハードコアパンクの世界に足を踏み入れた可能性が非常に高い。

しかし、すでに昭和56年（1981）のまだトラッシュがある頃に、マサミはヒロシとバンドだけは結成しており、名前もTHE TRASHと決められていた。まだバンド名とマサミとヒロシでバンドをやることとを決めていただけで活動は全くしていなかったが、メンバーが全員揃ったのはトラッシュがなくなったすぐ後だったようだ。そのTHE TRASHのメンバーを中心として、ディスコで一緒に遊んでいる仲間たちも含め、トラッシュ連と呼ばれるようになっていったのだろう。

そしてハードコアパンクバンドの人間たちが、トラッシュ連を認識したライブがあった。1982年5月に行われた、「T大オールナイトGIG」である。

ヒロシ「ハードコアのライブに行ったのは、ジャムスタの『エモーショナルマーケット』と『T大オールナイトGIG』と、どっちが先かわからないけどね。ジャムスタに初めて行ったときは俺ひとりだったのかもしれないけど、THE COMESが出てたのかな？ まだ、みんな敵だと思ってたのは確かだな（笑）」

ちょうどTHE COMESも新宿ジャムスタジオでデビューした時期であり、ハードコア四天王と呼ばれたバンドが全てデビューを果たし終わったのも82年であった。THE COMESのデビューのことをベースのミノルに聞いてみた。

ミノル「THE COMESのデビューより前に俺がライブとか観に行ってるときに、まだモヒカンじゃなかったけどマサミは知ってたんだよ。そのデビューのジャムスタのときに、ドラムのまっちゃんがドラムを壊して、GAUZEのヒロがえらい剣幕で『オイ！ テメエこのヤロウ！』とか言って怒ってさ。そしたら、内田（RANDY内田、ギタリスト）とかが『トラッシュ連がお前らのこと狙ってる』って言うんだよ。トラッシュ連のことは知ってた。『あいつらはちょっとヤバイぞ』っていう感じで。それで『トラッシュ連ってあの人だ！』とか思ってたんだけど、そしたらなんてことはない、ギターのナオキがヒロシと肩組んで『THE TRASHのヒロシ君でーす！』なんて言ってきてさ（笑）。それからもう急接近しちゃって、年中遊ぶようになっちゃって（笑）」

こうして東京でハードコアパンクが始まると、バンドのメンバーの中にはディスコへも遊びに行く人間も出始め、そこでマサミやヒロシのいるトラッシュ連と仲良くなっていく。中でも事情により名前の書けないあのバンドの人物とのクライマックスでの出会いによって、トラッシュ連という存在がハードコアパンクバンドの人間たちに認識されていくきっかけになったことは確かだろう。

ヒロシ「アイツに一番最初に会ったのは、クライマックスだったかな。たまたまクライマックスに行ったら、マサミに紹介されたんだよな」

マーチン「俺もそう。初めてアイツに会ったのはクライマックス。もう店を閉めるぐらいの頃で、その初対面のときに誘われて、一緒にT大のライブに行ったような気がする」

　この「T大のライブ」というものが、調べていても全くわからず、T大でハードコアパンクのライブがあったのは、あのバンドのデビューと言われている、81年の「T大学赤門GIG」の記述のみしか見当たらない。しかし、取材をしているうちに、この82年5月にあったT大のオールナイトイベントで、マサミやトラッシュ連と、すでに活動を始めていたハードコアパンクバンドの人間たちとの初めての接点があった。

シン「俺がマサミとライブで会ったのはチフス解散ライブの屋根裏だったけど、実際にマサミと喋ったのはT大のライブなんだよ。誰が企画したのかわかんないんだけど、『T大オールナイト』ってのがあって、そのライブはたぶんほとんど記事になってないと思う。告知も何もしてないんだけど、学祭だったのかもしれないな」

レミー「ワシがマサミと会ったんもT大の学園祭やな」

宙也「T大にマサミは来てたかも。明け方に暴れて火をつけようとしてるやつがいたけど、あれはマサミだったのかな（笑）」

　この「T大オールナイト」にはGAUZE、あのバンド、THE EXECUTE、アレルギーの他にも様々なバンドが出演し、まだハードコアパンクのというバンドの数も少なく、出演するバンドの数が足らないためにセッションなどもやっていたようである。

シン「客は5人か10人はいたのかな？　そりゃそうだよな。告知してないんだから」

レミー「かなり人は来てなかったな。いつもライブハウスにいるようなやつはだいたい来とったけどよ、見たやつばっかりやったな」

シン「俺たちもGAUZEではやってなくて、セッションみたいな感じで遊んだんだよ。俺がドラムやってDISCHARGEのコピーやったりして、ライブみたいな体をなしてないんだけど」

レミー「あ！　思い出したわ！　シンがドラムでよ、ワシがボーカルでやったぞ。DISCHARGEとチフスのカバーもやったぞ（笑）。歌詞を教えてくれとか言うたら、そんなん適当でいいんやとか言うてな（笑）。セッションで出ることは決まっとったんよ。時間が全然足らんから。他になにが出とったかな？　後からあぶらだこやったイズミとかも出とったと思うぞ。あとノイズの白石民夫かな？　それも出とったと思うけどな。なんか話した覚えあるんよな。GAUZEのフグは村八分のカバーをやるかなんかで、ギターを貸してやったの覚えとるわ。オールナイトでバンドが足らんからよ、『こいつらいらんわ』とか言うとれんだろ（笑）」

恐らくではあるが、ひょっとしたらマサミは、この「T大オールナイト」が、初めてハードコアパンクのライブに行った日である可能性もある。ただ当時は同じ時期に、新宿ジャムスタジオでもハードコアパンクのライブは行われていたため、定かではない。

シン「T大でライブをやった場所は廊下だね。学校の中の廊下で、階段の下がちょっと広くなってるみたいなところがあるじゃん？　ああいう階段の登り口みたいなスペースで、空いてる円形スペースが直径10メートルぐらいかな？　ただの廊下でアンプが2つ置いてあって、もちろんＰＡなんかないよ。それでドラムセットがポンと置いてあって」

レミー「そうそう。廊下でやったな。ちょっとひろーいとこ。そんときよ、トラッシュ連が雁首揃えて来とってよ。それで初めて『こいつらか、トラッシュ連っちゅうんは』って知ったんよな」

当時はまだ活動はしていなかったが、結成だけはされていたTHE TRASHのメンバーと、のちにメンバーとなるヒロマツの他にも、「#09 トラッシュ連」で前出の金属バットを持ち歩いていた人物や、マーチンが行っていた専門学校の友人など、ディスコの常連たちがこのライブには行っていたようである。恐らくその日、クライマックスに遊びに行っていた仲間で来たのであろう。

レミー「それで見たらマサミはヌンチャクを腹に差して持っとってよ。あの樫の木で出来とるような痛そうなホンマもんのを持っとったな（笑）。ヒロシはあのごつーいチェーンな、いつも首にかけとったやろ？ あれを持っとって『これはみんながトラッシュ連っちゅうだけあってヤバそうな連中やのー』と思うてな」

シン「そのときはマサミとかヒロシもいて、夜になったらマサミとかヒロシたちと、話をしながら学校内を歩き回ったんだよ。そのとき初めてマサミと話したと思う」

なんの告知もされず客の少ないライブでのオールナイト。出演バンド数が足らずに、セッションバンドやハードコアではないバンドの出演。初めて行く日本のトップの大学。治外法権的な雰囲気の中でのハードコアパンクとの遭遇。こんな状況で、時間を持て余した荒くれ者たちがタダで済ますはずがない。

レミー「そんときに直接は見てないんやけど、複数の証言があってな。途中からガラス割ったり消化器まいたりとかで、みんなで暴れ出したらしいんよ。そんでライブ中もガラス割ったりして暴れてよ。そら怒るよな、大学側が。それで何人か学生が来て『お前らどうのこうの』って言うたときに、マサミがヌンチャクでシバいたんじゃ。それ見て『ヌンチャク飾りでなかったんやな』と思うてな（笑）」

シン「マサミとかヒロシとかと夜中に校内を話しながら歩いてたときに、誰か学生を見つけるとマサミが警棒で殴り倒すんだよ（笑）。ちょっと歩いてる人を見つけると『なんでお前いるんだよ』って殴り倒して。そりゃいるよなT大なんだから（笑）。殺そうと思って殴ってないけど、遊びで殴ってないよ。倒れて動かなくなってたから（笑）。金属の三段階ぐらい伸びる警棒があるじゃん。あれで思いっきり殴ってたね」

レミー曰くヌンチャクだが、シン曰く警棒だという。どちらにせよ、その日、ディスコから直接ライブにやって来た事実から見ても、常に何かしらの武器を持ち歩いていたのが当時のトラッシュ連ということになるだろう。

シン「だからマサミは、危ねぇやつだなと思った（笑）。普通そういうときって威嚇して殴るじゃない。『なんだテメェは』とかみたいに。マサミは違うんだよな。マサミってすごく優しいんだけど、怒るときって瞬間的で、言葉を発さないんだよな。言葉で威嚇しないで目をクワっと見開いて、いきなり手を出すんだよね」

レミー「表を暴走族が通ったときに、トラッシュ連がその辺を通りかかったらしくて、族と揉めたらしいんよな」

ヒロシ「先に帰ったヒロマツともうひとりが、暴走族にやられて俺たちを呼びに来たんだよ。それで、みんなで走って行って、暴走族のひとりを捕まえたんだよ。そいつが後ろから羽交い締めにされてたから、俺の鎖で顔面を横からフルスイングして思いっきり殴ったんだけど、振りほどいてすげぇ勢いで逃げた（笑）。『殺せ！』って叫んで追いかけたんだけど、追いつけなかったなぁ」

レミー「それで、族のひとりが免許証かなんか落としとったらしいでな。それをヒロシかマサミかが見つけてよ、『こいつコンクリート詰めや』とか言うてて、そんでマサミが『こいつから金巻き上げたる』って。それは聞いたんよはっきり。だから『こいつらヤバイ連中やな』と思うてな（笑）」

ヒロシ「逃げたヤツが免許証を落としてたから『追い込みかけよう！』って話してたんだけど、マサミに任せたまま後のことは忘れた（笑）」

ちょっと今では想像がつかないほどのライブで、暴走族はいいとしても、学園祭的なものを行った大学側の学生などにも被害者が出ており、学校の設備であるガラスなども破壊されている。

シン「今でも不思議なんだけど、それが事件にならないってすげぇよな」

初めてと思われるマサミとトラッシュ連のハードコアパンクとの遭遇は、すさまじい日となったことが容易に想像できる話である。

この後、ハードコアパンクバンドが出演した代表的なイベントには法政大学学生会館大ホールでの数々のイベントがあるが、当時は学園祭などの大学で行われるライブハウス以外のイベントも多く、それにハードコアパンクバンドはよく出演していた。82年に入り東京でハードコアパンクが活発化していく理由には、こうしたライブハウス以外のイベントへの出演も大きな要因であっただろう。ある種の治外法権であったライブハウス内での文化が、大学の学園祭という形ではさらに激しいものとなり、噂が噂を呼びハードコアパンクの暴力性だけに目を向けられたのかもしれない。スキャンダラスであればあるほど一般的な人間も興味を示すのは現在でも大差ないが、そこに登場した新たなムーヴメントであるハードコアパンクは、世間の注目を浴びる格好の素材でもあったのだろう。

そして、ライブハウスシーンではハードコアパンクのバンドも増え始め、新宿ジャムスタジオ以外のライブハウスにも出演するようになっていく。そこではマサミとトラッシュ連の存在が、なくてはならないものになっていった。

#11 新宿ジャムスタジオ・エモーショナルマーケット

昭和57年（1982）のT大でオールナイトGIGが行われたのと同時期に、新宿ジャムスタジオでもハードコアパンクのライブが行われていた。基本的に水曜日の「エモーショナルマーケット」という企画に、数多くのハードコアパンクやニューウェイブなどの様々なバンドが出演し、新たな東京のアンダーグラウンドシーンを形成していた。GAUZEやTHE EXECUTE、THE COMESやあのバンドなど、当時のハードコアパンクの中心だったバンドが全て出演していた企画が、「エモーショナルマーケット」である。

「エモーショナルマーケット」の企画者である高橋氏に話を聞いたのだが、マサミとの出会いはジャムスタでの「エモーショナルマーケット」のときではなく、やはりディスコだったという。それほど当時はディスコというものが、東京のパンク文化を育む中で需要な位置を占めていた。

高橋「ザ・スターリンのタムの妹が、THE 5.6.7.8'sのよっちゃん（現THE 5.6.7.8'sのギター・ボーカルRONNIE〝YOSHIKO〟FUJIYAMA）と仲良くて、昔ザ・スターリンのライブによく行ってたんですよ。それで、ツアーの手伝いとかもちょこっとしてたりして、まだハードコアとかが無い頃にそこらへんで遊んでたんですよね。そのぐらいのときにトラッシュっていうディスコがあって、たぶんそこでマサミと最初に会ってると思うんですよね。その次に覚えてるのは、俺の印象ではマサミがツバキハウスで働いてたような」

高橋氏はツバキハウスでマサミが働いていたという印象のようだが、その事実はないと思う。店員と間違われるほど、あまりにも毎日いたということだろう。トラッシュの常連が店員と同じような役目をしていたように、マサミはツバキハウスでもかなりの常連となっていたのだろう。

高橋「昭和56年（1981）11月に『消毒GIG』の第1回目があって、『エモーショナル』はもっと前からやってたんですけど、パンク中心の企画で、ハードコアってくくりでライブをやったのが12月25日の『エモーショナル』第3回目のライブですね。あのバンド、GAUZE、アレルギー、リビングデッド、あと『エトセトラ』って書いてあるから、他に何が出たかわかんないけど」

81年から新宿ジャムスタジオで「エモーショナルマーケット」が行われるようになり、ハードコアのライブに関しては、キモノマイハウスでのライブ以外、ほとんどジャムスタの「エモーショナルマーケット」が中心だったようだ。

高橋「そのころ遊んでた友達とかと『1週間に1回ぐらい自分たちで遊べるところなんかあったらいいよね』って話してて、当時、できたばっかりのジャムスタに友達の女の子が話をしに行ったんですよね。そうしたら『水曜日だったら箱代なしで、もらったお金を半分ずつにしましょう』っていう、ひとり入ったらチャージの半分ずつ分けるっていう、こちらにマイナスがない結構良心的なものだったんですよ。それでうちらは新しいバンドを出すのが目的だったんで、ひとつ有名なバンドを出して、他はデモテープとかから選んで「こういう趣旨でやるんで、ギャラも若いバンドと一緒なんですよ。デビューしたてのバンドも有名なバンドも、全部同じギャラでいいんであったら出てください」っていう感じでやり始めたのが、『エモーショナルマーケット』なんですよ」

そして、「エモーショナルマーケット」には、マサミやヒロシを始めとするトラッシュ連はいつも顔を出していた。

高橋「たぶんマサミは毎回『エモーショナル』に来てて、とにかく当時のバンドのみんなはいつも一緒で、ほぼ同時期にみんな出演してたんで、全部のライブに全員集合するみたいなことになってましたね」

宙也「ヒロシとかマサミは俺より歳が2、3コ上で、俺はクライマックスには行ったことないのね。81〜83年は大学1年〜3年で、まさにアレルギーの時代。その頃、夜中に飲み屋でバリバリバイトしてたんだけど、火曜日と水曜日はシフトを空けて、火曜日はツバキ、水曜日はジャムスタにいつも行ってた。マサミとはツバキでも会ったけど、やっぱジャムスタだと思う。トラッシュ連とハードコア連が合致したのが、ジャムスタの『エモーショナル』だと思うよ」

レミー「あの頃、まだ屋根裏でやる前は、結構よくジャムスタでやっとったんよ」

宙也「いつもジャムスタが終わると、たいてい俺とマダムエドワルダの連中、あの人、シン、KANNON、レミー、マサミとかで新宿駅までダラダラみんなで歩いて帰るんだよね。電車がなくなっちゃうと居酒屋とか行く金も無いし、当時は革ジャン、サングラスに鎖ジャラジャラとかで、入店お断りとかされたんだよね。いつも決まって行く24時間の喫茶店があって、そこでよく朝までコーヒー1杯で粘った。そのメンツで何話してたんだか全く覚えてないけど（笑）」

新宿ジャムスタジオで行われていたライブには、当時のハードコアパンクを始めとした界隈の人間は皆来ていたようで、様々な事件もあったという。

高橋「マサミで印象に残ってるのは、三段式警棒の先が折れた鍵みたいになってるやつを常に持ち歩いてて、とにかくそれですぐ人をやるみたいな、そういうイメージ。マサミ以外もみんなあのときは結構ひどくて、すぐ喧嘩するっていう流れは常にあったかな。俺も鎖を持って歩いてたぐらいだから（笑）。みんな何かしら持って歩くみたいな、そういう感じにはなってた」

「エモーショナルマーケット」にハードコアパンクが出演し始めたのが81年の12月であり、T大のオールナイトが行われたのが82年の5月で、その間、ずっとジャムスタでのライブは行われており、82年になってからハードコアパンクが盛り上がりを見せる。この頃にマサミやトラッシュ連が、ハードコアパンクに触れたのは間違いのないところだろう。

高橋「その前にデモテープとかももらってて、それからはGAUZEもあのバンドもレギュラーで出てもらって、うちのパンクのイベントにはよく出る感じになりましたね。THE EXECUTEもTHE COMESもデモテープからですね」

そして当時のライブの警備をトラッシュ連が任されるようになる。バンド側も客も一筋縄ではいかない荒くれ者ばかりの世界で、警備を担当できるなどトラッシュ連以外に考えられないのは、心の底から頷ける話である。

KANNON「俺がベースを弾いてたあのバンドに、毎回、ヒロシとかが来るようになったときには、マサミも来てたと思う。三段式の警棒を初めて見たのが、マサミが持ってるのだったなぁ」

レミー「ジャムスタんときもその後のライブも、トラッシュ連はだいたいおったと思うな。そんでトラッシュ連はすぐ上半身裸になるだろ? いつもライブが始まった頃から、トラッシュ連は全員早くも裸になっとるからな(笑)。ステージの横ぐらいに裸でおって『これ以上近づいたらわかっとるだろうな?』っちゅう客の方を威嚇する感じの警備やな(笑)。客がちょっと暴れ出したらよ、ヒロシとかはあのチェーンを手に巻いてな、そうやって腕を振り上げとる写真とか見たことあるんよな。しかもジャムスタも屋根裏もステージ低かったやろ? だから、前の方の横におるんよな」

マーチン「自分を盛り上げるのもあるし、演者を盛り上げるのもあるし。要は自分らがただ単に盛り上がってるんだよね。暴れるのは暴れてた。でも、人に対してぶん殴るとかは、フロアの中でとかだよ。ニコニコしてたと思うよ。そのニコニコが怖かったのかもしれないけど、飲んでたから覚えてないんじゃないの？（笑）。『あれー？ 殴ってねぇよな？ 知らなねぇよ？』て（笑）。殴られた方も相手に対して言わないし」

レミー「警備に雇うたつもりもないしよ（笑）。ライブハウス側も依頼してないんやけど、なんか来とるんよな。暇やし」

ヒロシ「ライブの警備なんてやってないけどね（笑）」

高橋「ライブでは暴れるもんだから客は後ろの壁に張り付いてて。お客さんともやってたけど、外でやってた方が多いイメージですかね。みんなでいつも一緒にいて歩いてて、イメージとしてはみんなで揉め事を探して歩いているみたいな（笑）」

ミノル「THE COMESのデビューライブの『エモーショナル』のときね、ザ・スターリンのシンタロウが来てたんだけど、トラッシュ連にボコボコにされてた（笑）。デビューライブだから、友達にラジカセでテープを録ってもらってたのよ。そしたらそれにヒロシの鎖の音が入ってて（笑）」

KANNON「ハードコアの初期の頃だって、ひとりで来て、あのバンドのボーカルに立ち向かっていくやつとかだっていたわけだし。でもそいつに周りが手を出すわけでもなくて、みんなでボコボコにするわけじゃないし。覚えてるのはキモノじゃなくて四谷のフォーバレーだったかな？ あの人が伸び縮みするやつじゃなくて、1メートルぐらいあるような警棒をデビューさせて、それで頭をかち割られたやつがいて、でもそいつ、頭をかち割られても平気で、その警棒がひん曲がってた」

ここまで荒くれ者の集まりを警備することなど、ほとんどの人間にできる所業ではない。マサミやヒロシなどのトラッシュ連だからこそ警備ができ、ハードコアパンクのライブが成り立ったと言っても過言ではないだろう。しかし、暴力的な面だけではなく、マサミの冷静な対応と的確な判断によって、仲間が助けられた話もたくさんあった。

宙也「ジャムスタから駅に向かう途中、内田がひと足先に歩いてて、ちょうど歌舞伎町の入り口あたりでチンピラに絡まれて揉めてたんだよね。そこに速攻でマサミが行って話をつけて数分でことが済んだんだよね」

他にも新宿ジャムスタジオでの「エモーショナルマーケット」で、あるバンドのメンバーが急逝アルコール中毒になってしまい、救急車で搬送される事態が起きる。そのときに周りがあたふたする中、冷静に対処して救急車を呼んだのもマサミだった。ライブの警備というだけではなく、いざというときに冷静に対処し、仲間を救う判断を的確に下せるマサミという存在は、ハードコアパンクのライブにとってなくてはならないものになっていく。

しかし、ハードコアパンクの創成期を支えた新宿ジャムスタジオでの「エモーショナルマーケット」が、終わりを迎えてしまう。

レミー「あのバンド、GAUZE、THE EXECUTE以外にもよ、そこまでハードコアっぽくはなかったけど、まぁまぁ速いバンドは同時期にいくつかあったんよな。でもみんな消えてしもうたんよな」

高橋「それまではニューウェーブとか東京ロッカーズの生き残りとか、いろんなジャンルのバンドが大好きだったんで、そういうのもずっとやってたんですけど、途中からそっちはスタッフがやって、俺はハードコアばっかりみたいになってて。だんだんライブであのバンドの暴れ具合がハードになってエスカレートしていって、最終的に出禁って言われちゃって。あのバンドが一番好きだったんで『好きなバンドが出れないんだったら、やる意味ないな』と思って、それでやめたんですよね。『エモーショナルマーケット』は、2年間で終わっちゃってるんです」

81年からスタートした「エモーショナルマーケット」が、2年間で終わったということは昭和58年（1983）までは続いていたことになる。「エモーショナルマーケット」という企画は、高橋氏も言うようにあのバンドが中心となった企画であるが、その間にハードコアパンクが出現し、ディスコで遊んでいたトラッシュ連がハードコアパンクと融合し、日本独自のパンク文化が出来上がっていった。やがて新宿ジャムスタジオ以外の渋谷屋根裏、目黒鹿鳴館、新宿ロフトなどでもハードコアパンクのライブが行われるようになっていく。

そして、82年には、マサミにとって人生の岐路とも呼べる状況が発生する。そこでの葛藤はマサミ亡き今は知る由もないが、マサミの人生を語る上で記しておかなければならない重要な事柄である。

第二章　THE TRASHとGHOUL

#12 人生の岐路

昭和57年（1982）になり活発化した東京のハードコアパンクだが、「エモーショナルマーケット」が終わりを迎える頃には、渋谷の屋根裏や新宿ロフト、目黒鹿鳴館といったライブハウスで次々とライブをやり始めるようになっていく。そして同時期に、マサミは義手を外し、髪型をモヒカンにする。しかも、この82年の7月22日には、マサミに娘が誕生する。娘が産まれたことによって、マサミはあの全く良い思い出がない地元へ帰省することとなったのである。

82年という年は、マサミの人生が大きく動き、マサミの一生を決めた重要な岐路となった年だったのではないだろうか。マサミがまだハードコアパンクには触れていない頃の、ディスコで遊んでいた時代に付き合っていた女性との間に、子どもを授かった。女性が妊娠した頃にマサミは新宿に住んでおり、それまでと変わらない仲間との日々が続いていた。

ヒロシ「トラッシュを作ってすぐぐらいかな？ そのぐらいの頃にみんなで飲んでたときに、友達の彼女が酒飲んで酔っ払ったところを、無理やりやられたとかって話になったんだよ。そのやったやつが高円寺に住んでるっていうから『じゃあやりに行くか』って、次の日の朝、俺とマサミとジムで襲撃しに行ったんだよ。俺はトラッシュのドアの取手だったアルミの角ばったパイプみたいなのを持ってって、それでそいつを引っ叩いて俺らみんなパクられたんだけどさ。そんときにマサミは、マサミの彼女が住んでた新宿の十二社（じゅうにそう）のマンションで一緒に住んでたんだよ。まだ子どもは生まれてない頃だな」

そのときの様子を、THE TRASHのオリジナルメンバーであるジムにも聞いてみた。

ジム「クリスマスのときに、マサミの十二社通りにあったマンションでパーティーをやっていて、それでヒロシとマサミと俺の3人で殴り込みに行ったんだけど、そのときに相手をボコボコにしただけじゃなくて、部屋の中もめちゃくちゃにして、ステレオだとかいろんなものを持って来ちゃったりしたから、強盗傷害になっちゃったんだよ。それで、マサミとかヒロシは20歳過ぎてたから良かったんだけど、俺だけまだ19歳で少年だったから鑑別所に行っちゃってさ（笑）」

この十二社でマサミと住んでいた女性とは、ジュネがマサミと初めて会ったときに、マサミと一緒にいて紹介もされている。

ジュネ「ツバキでマサミと初めて会ったときに、付き合ってる女の子と一緒にいて紹介されたね」

ヒロシ「マサミは俺らと一緒に遊んでるうちに、その彼女とくっついたんだよ。彼女もツバキの常連で、出身も千葉でさ。それでスペクター（暴走族）だし、マサミと似てるところがいっぱいあったんだろ（笑）」

マユミ「当時はよく夫婦で歩いてて、原宿でばったり会ったりしたかな。お腹が大きいときも会った気がする。友達んちにみんなで溜まってた頃、奥さんが1回マサミを探しに来たことがあったのをよく覚えてる」

まだ新宿のトラッシュがある頃にも付き合っていたというので、2年ほどの付き合いで子どもを授かったようである。そして、子どもが産まれる前に、マサミは妻と一緒に千葉の実家へ戻っていく。

叔母「子どもが産まれる1～2か月前頃にこっちに来て、1年ぐらいは帰って来てましたね。娘が産まれて1歳ぐらいのときに、私が事故で入院していたんですよね。その間に奥さんとうまくいかなくなっちゃったのか、奥さんと子どもを置いて家を出て、東京の方に行ってしまったんですよね」

マサミが24歳になる1か月ほど前の、82年7月に子どもが産まれているのだが、24歳といえば大学生ぐらいの年齢である。その頃はよくトラッシュ連で集まり飲んでいたりするなど、ディスコ以外でも親交を深めていた時期でもあり、仲間といるのが楽しくて仕方のない頃だっただろう。

マーチン「マサミから『家で飲もうよ』とか電話がかかってきたり、ヒロシも家に呼んでくれたりして、そのときに俺はTHE TRASHのギターになるジュンも知ったんだよね。だって、しょっちゅう夜中とかに『今から行っていい?』とか電話がかかってくるんだよ（笑）。それで土曜日はウチで鍋とか毎週やってたから」

我が子を置いて出て行ってしまうのは、全くもって酷い話であるが、その頃のマサミは東京に出て行くことで生まれ育った地元の思い出したくもないようなしがらみから解放され、若さもあり遊びまくっていた真っ盛りでもあり、ハードコアパンクというその後の人生を捧げるものにも出会ったばかりだった。そうした部分を考えると、マサミの気持ちも理解できるのだが、「親が子に愛情を注がない」という、父親が幼少期の自分に突きつけた寂しさや悲しさなどの辛かった思いを、自らの娘に課してしまうという、自分の父親と同じ方法をマサミは選択してしまった。

叔母「娘が2歳半ぐらいになるまで、奥さんと子どもと一緒に1年ぐらいは実家じゃなくて、私のもとで生活してたんですけどね。その後に奥さんが、施設に子どもを預けていなくなっちゃって」

叔母に話を聞いてみると、ある日突然マサミの妻がいなくなってしまったらしい。

叔母「娘にとってはおばあちゃんにあたるマサミのお母さんが親になったんですよね。奥さんが施設に預けていっちゃったから、おばあちゃんを保護者的な形にしたんです。おばあちゃんも結構な歳だったから、そんなにしょっちゅう面倒を見れないので、そのまま施設で預かってもらうことになったんです。それで高校へ入るときに引き取って、おばあちゃんが親として育てたんですけどね」

しかしなぜ、仲間に対してはとびきり優しいあのマサミが、自分が父親に受けた同じような辛さを、自分の分身とも言える我が子に与えてしまったのだろう。

叔母「家を出た後にも、ときどき私に会いに来てくれたのですけど、その間のことは何も話してはくれませんでした。きっと私には、自分の嫌なところは見せないようにしていたのかもしれませんね」

「まだ若かった」ということなのか、妻との間にどうしても許せないものがあったのか知る由もない。しかし叔母がマサミの妻とも生活をしていたときの話を聞くと、様々な要因があったことが窺える。

叔母「お嫁さんは浅野ゆう子みたいな美人さんでしたけど、性格的なものがちょっと大変でしたね。本当にひどい言葉を残して子どもを置いていったから、私は忘れないですよ。だからマサミが出て行くのも無理ないかなって（笑）。前に東京のアパートに連れて行かれたときに紹介された彼女がいい感じの子だったから、最初『あの人と結婚するのかな?』って思ってたんですけど、奥さんは違う人でしたね。なんか真逆の人を連れてきて（笑）」

この叔母の話でもそうだが、関係者に取材をしていろいろな話を聞いていると、恐らくマサミは子どもができた頃、少なくともふたりの女性と付き合っていたような感じである。子どもができたために、親として実家に家族を連れて帰り、なんとかやろうとしていたが、妻との間には様々な揉め事があり、東京に残してきたもうひとりの彼女を思い出したのかもしれない。だからと言って、子どもを置いて出て行って良い訳ではないが、夫婦の間には様々なことがある。子どもがいればなおさらで、一方的にマサミだけが悪いとは言い切れないのではないだろうか。

現在は結婚して家庭を持っているマサミの娘さんにも話を聞いてみたのだが、マサミの優しさを引き継いだような素晴らしい心の持ち主であった。

娘「お父さんとは、大きくなってから『会ってみたかったな。一緒に生活してみたかったな』っていうのはありますね。会った覚えはと言うと、写真とか見ると『ああ、会ってたんだなぁ』っていう感じです。お母さんの記憶は、本当にちっちゃいときの記憶しかないですね。でも本当にうっすらとですね。お母さんの居場所というか住所とかは聞いてるんですけど、それから会ったことはないですね」

叔母「娘も『一回母親に会いに行く』って行ったみたいです。でも、遠目で見たのか何かわからないですけど、直接は会わなかったみたいですね」

娘を置いて出たことによって、期するものがあったのだろう。再び東京に出たマサミは、髪型をモヒカンにする。マサミのトレードマークと言えるモヒカンにしたのも、再び東京へ出た後だと思われる。

叔母「マサミが奥さんと実家に帰ってきたときは、金髪にしていたと思います。確かモヒカンではなかったと思いますけどね」

マーチン「マサミなんかも俺の部屋に来るようになって、そのぐらいのときにマサミはモヒカンにして、俺が石鹸ふたつ使って立てたり、いろいろ試行錯誤してたね。それでもしぼむから、結局は赤いペンキのラッカースプレーでシューってやって、『あれだとやっぱ固まるんだねぇ』って（笑）」

そして、マサミにとって大きな心のつかえだったであろう右手の義手も、同時期に完全に外している。ディスコ時代にはすでに義手をほとんどしなくなっていたようだが、82年になり一切義手をしなくなったという。家族で実家に帰った際にも義手はつけていなかったようだ。この82年という年に、様々な思いを全て振り切って、人生を賭けるものをマサミは見つけたのではないだろうか。

ヒロシ「なんで義手をとったかは知らないけど、みんな義手してるのは知ってたから『もういいんじゃねぇ？』っていうのは、随分前から俺らもみんなで言ってたの。だって、俺らと一緒にいるときはとってるんだから『出かけるときだけそれつけなくてもいいんじゃねぇ？』って」

マーチン「うん。飲みながら話してたね。それから義手をとったね」

子どもが生まれるために実家に帰って来たマサミに、叔母は「義手はずしたの？」と聞いた覚えがあるという。もうマサミが、義手というわだかまりとは決別の覚悟を持っていたのが82年頃だと思われる。

叔母「以前、私の家に来たときに『今日、ライブやって帰りなんだ』なんて言ってましたね。『少しずつ人気が出てきたよ』って言ってましたから『まだ義手をつけたままでやってるの？　パンクは自分をさらけ出してやるんじゃないの？　義手を外してやってみたら？』って言ったんですよね。そうしたら、次に来たときには『外してやってるよ』って言ってたので『強くなったなぁ。すごいよ』って言って、涙が出てしまいました」

こうしてついに、新宿トラッシュ時代からヒロシと一緒にやろうと決めていたバンド、THE TRASHの活動が始まるのだが、当時の東京ハードコアパンクシーンは、かなりの盛り上がりを見せていた。そんな状況の中で、マサミやヒロシのトラッシュ連は東京ハードコアパンクシーンの誰もが知る存在であり、ようやくバンドメンバーも全員見つかったにも関わらず、一向に活動しなかったのには訳がある。揃ったメンバーのほとんどが楽器を弾いたことがなく、一から楽器を練習しなければならなかったのだ。

現在のバンド活動を行う若者たちには理解が難しいかもしれないが、これこそがバンドであると筆者は思っている。気心の触れ合う信頼できる仲間とだからこそ、バンドというものを長く続けられるのであり、気心を顧みずテクニックだけで集めたメンバーでは、すぐにメンバーチェンジや解散をするのがオチだろう。特にパンクバンドともなれば、金になることもないので仕事をしながらバンド活動を続けなくてはならない。おまけにパンクスなどという人種は、一筋縄ではいかない人間の集まりである。そこで大切なのは、テクニックではなく人間性だということをTHE TRASHのメンバーたちは理解していたのか、理解していなかったのかはわからないが、最初から実行していたのである。それこそが観客の心を掴む音やステージを表現できる最高のものであり、それは現在でも活動を続けているTHE TRASHが証明していることでもわかるだろう。

そしてマサミは、ようやくハードコアパンクのシーンで、表現者として頭角を表し始めることとなる。

新宿ロフト 消毒GIG Vol.6 HARD CORE 2DAYS #13

マサミが実家への帰省から東京へ戻った昭和57年（1982）頃、ハードコアパンクシーンは隆盛を迎えていた。

昭和58年（1983）になると、マサミはヒロシ、マーチンと共にTHE TRASHの活動に入るのだが、それより少し前の82年9月22日と23日に、日本ハードコア界における金字塔と言えるライブオムニバス作品『OUTSIDER』にも一部が収録されたライブが新宿ロフトで行われる。GAUZE主催の「消毒GIG Vol.6 HARD CORE 2DAYS」である。

この日の様子はYouTubeでも少し観ることができるが、そこにはピンクのトロージャンにした、上半身裸で鎖を巻いているマサミの姿が映っている。この新宿ロフトで行われた「消毒2デイズ」には、1日目にあのバンド、THE COMES、マスターベーション、マダムエドワルダ。2日目にはGAUZE、LAUGHIN' NOSE、THE EXECUTEに加えてハードコアディスコタイムなる時間が設けられていた。

そしてこの日、後にマサミとGHOULで一緒に活動することとなるBEAR BOMBも、マサミと初めて遭遇しているはずなのだが、ライブの緊張感でマサミのことは覚えていないという。

BEAR BOMB「俺は『消毒』のロフト2デイズのときに初めてハードコアを観に行って、それでジュネと知り合ったんだけど、緊張しててすごい世界だったのは覚えてる」

この「消毒2デイズ」の出演者の中で、GAUZE、あのバンド、THE COMES、マダムエドワルダが『OUTSIDER』の録音を行ったのだが、THE EXECUTEが参加していないのを筆者は非常に不思議に思っていた。『OUTSIDER』に参加したTHE COMESのベーシストであるミノルの話から、その真相が垣間見れる。

ミノル「俺はその頃、レミーとよく遊んでたけど、アイツらはソノシートを作るって言ってたの。だから俺らは『OUTSIDER』に入らないって言ってた。俺らの『OUTSIDER』の話は、あのバンドのあの人から来て、GAUZEが同じレーベル（雑誌『DOLL』が立ち上げた『CITY ROCKER RECORDS』）の『CITY ROCKERS』ってオムニバスに入ってたじゃん。たぶんその流れでTHE COMESのアルバムも同じ系列のドグマ（DOGMA RECORDS）から出すことになったと思う。（CITY ROCKER RECORDSとDOGMA RECORSは、ほぼ同じレーベルであるが、よりハードコアに特化したのがDOGMA RECORDSになると思われる）」

『OUTSIDER』の発売が82年で、THE EXECUTEのファーストソノシートが83年であるところを見ても、この頃にTHE EXECUTEが作品を作ろうとしていたのは間違いない。しかし、レミーに話を聞いてみると、現在のハードコアパンクスに通じる、THE EXECUTEの断固たるポリシーが感じられる。

レミー「『OUTSIDER』は、声は掛かったけど断ったんよな。言われた条件は『録音状態は問わないから1曲提供してください、ギャラはメンバー分のレコードで』って話だったんよ。他の収録バンドの条件は知らんけど大差ないだろ。間違いなく売れるレコードを作って、『DOLL』側の丸儲けがムカつくからワシの独断で断ったんよな。他のメンバーは参加したかったかもしれんけど、それでソノシートを作ることにしたんやな」

『OUTSIDER』によるライブの緊張感や迫力は、当時のハードコアパンクシーンを知る上で最も重要な作品であるが、THE EXECUTEが収録されていればと思ったファンは少なくなかっただろう。そして、このライブでもマサミやトラッシュ連は警備のような形で来ていたようだ。

新宿ロフト消毒GIG VOL.6「HARD CORE 2DAYS」のフライヤー

レミー「その日のうちらのライブのときもよ、途中でいつのまにかマサミが客席から上がって来て、ステージの真ん中に座っとるんよな。そんで、途中でバキ（THE EXECUTEのボーカル、現GASTUNK）が揉め出したら、すぐマサミが出て来よったもんな。あれも警備やったと思うわ」

ミノル「このライブにマサミがいたのは覚えてる。なんで覚えてるかって言うとさ、マサミがロフトの前を掃いてたのよ。そのときに『あれ？　手がない！』って、マサミに手がないって初めて知ったんだよ。それまでマサミの存在感がデカすぎて、手なんか見てなかった（笑）」

マサミがロフトの前を掃いていたというミノルの話だが、想像してみてほしい。現在でも過去でもいいが、その場所で一番と言ってよいほど目立った存在で、様々な物事の中心に存在していながら、自分の遊び場を率先して片付けている人物を。こうしたマサミの姿は、よく見かけられていた。『OUTSIDER』に収録されているルート66のベースであり、それ以前にはチフスなどと一緒にやっていた病原体で活動し、現在はブルースビンボーズとバンド・オブ・バクシーやソロの弾き語りなどで活躍する石井明夫も、ミノルの話に酷似するマサミの姿を見ている。

明夫「ルート66の解散ライブは、確か『エモーショナルマーケット』でやらしてもらったと思うんだよね。そのときにマサミさん、ジャムスタで働いてたな。解散ライブだから最後に紙吹雪とかやってくれたんだけど、マサミさんが紙テープとか掃いて片付けてくれてて『よかったよ』とか言ってくれて『ありがとうございました、マサミさん』って挨拶したのを覚えてる」

ここでもマサミが店で働いていたと思われているが、その事実はないだろう。ディスコ時代から変わらず、常連として通ううちに店員と間違われるほど溶け込み、店側の気持ちも理解した行動をマサミは常にしていたのではないかと思える。普段は暴力的で凶暴な部分も多く、様々な人間も被害に遭っただろう。しかし、そういった事柄も含め全てマサミの中では大切なものであり、マサミの思いを消化できる全てが詰まった自分の居場所を、マサミなりのやり方で守っていたのではないだろうか。仲間にはとことん優しく、敵と見なしたものに対してはとことんいくマサミという人間がよく表れた話に思えてしまう。

事実、マサミがライブハウスやディスコなどの自分の居場所で、何かを壊したりした話は出てこない。

ヒロシ「マサミがモノを壊すことは、基本的にはないなぁ。友達の彼女のことで襲撃したときだけは、相手の家の中もめちゃくちゃにしたけどね。だいたい、モノを壊すより相手を殴るほうが話が早いじゃん（笑）」

マーチン「マサミがモノに当たることはないねぇ。友達なんかと酒飲んで喧嘩になって相手と揉めても、いっときしたらまた一緒に飲んでるのが多かったねぇ」

ただ、若いパンクスたちにとってマサミは憧れのような存在であり、筆者世代のパンクスがガキの頃にはいわゆるファンだったために、その時々の場面によってはファンサービスの一環のような形でマサミがパフォーマンス的な行動をすることもあった。

カツタ「マサミさんと一緒にいたときに、下北の王将の方に行くとこの三叉路に、ちっちゃい祠みたいな神社があって、それをマサミさんが壊し始めたんだよ（笑）。『やめてくださいよ！』って止めたんだけど『俺は神をも恐れないという』とか言って（笑）。そしたらトラックが来て、そのトラックにラリアートを決めて、トラックの前のボンネットのとこが一瞬『ベコンッ』って凹んで、バーンって当たってからクルクルクルって回って倒れてた（笑）。トラックは行っちゃったんだけど、ムクッと起き上がって『痛くないという』って（笑）。あれ、トラックまぁまぁ飛ばしてたよ？　普通は脱臼するレベルだよ、本当に」

他にも浦和ナルシス前で車を壊したり、飲み屋でガラスのコップを齧って食べてしまうなどの他にも、後述するが後楽園ホールのザ・スターリンのライブの帰りに水道橋の駅に向かう橋の上から自転車を投げたりなど、無法者的な振る舞いはあった。しかし、自分の居場所であるライブハウスやディスコで何かを壊したという話はない。腹が立ったとしても、壊すのはあくまでも腹が立った相手の人間そのものであり、何かの器物を壊して鬱憤を晴らすような真似はしなかった。

マサミがライブハウスの表を掃いて掃除などをしていたり、かなりの盛り上がりと共に動員も多かった「消毒2デイズ」だったのだが、この日のライブ以降、新宿ロフトでのハードコアパンクのＧＩＧが一旦できなくなってしまう。当時のロフトといえば、アンダーグラウンドバンドたちに広く門戸を開いたライブハウスであり、様々なバンドが出演し、アンダーグラウンドのバンドにとって、ロフトは登竜門的な存在のライブハウスであった。ハードコアパンク以前から、アンダーグラウンドシーンを担っていた自殺やBODIE、ザ・スターリンやじゃがたらなどもロフトに出演していたが、あるときをきっかけにじゃがたらとザ・スターリンは出入り禁止になっている。

明夫「ロフトでやるのはステイタス的な感じもあったんだけど、ザ・スターリンが結構グチャグチャにしちゃったりとかね。じゃがたらもバルサン焚いたり消火器撒いちゃったりとかで出れなかったんだよね」

ライブハウスとしてはたまったものではないのはよくわかる。しかし屋根裏では観客が天井を落とすなどした他にも、怪我人なども出たためにザ・スターリンは出演できなくなったようだが、他のじゃがたらやハードコアパンク勢が出演できなかった話は聞いたことがない。ライブハウスによって出入り禁止のラインは様々であるとは思うが、それ以降も小滝橋通りにあった頃のロフトでは、何度かハードコアパンクは出演できなくなっているところを見ても、当時のロフトとハードコアパンクの相性があまり良いものではなかったようにも感じられる。

しかしそれ以前から、ロフトとハードコアパンクスの間には確執といえる溝が存在していた。

#14 THE TRASHデビュー前夜

『OUTSIDER』の録音が行われた新宿ロフトでの「消毒GIG Vol.6 HARD CORE 2DAYS」だったが、この日の後にもハードコアパンクのライブはあったのだが、昭和57年（1982）の終わりにはロフトでのライブができなくなってしまう。当時のロフトに出演できるのは一種のステイタス的な部分もあり、実際に筆者も初めてロフトに出演したときには「やっとロフトに出られる」と、一種の高揚感的なものがあった。現在、活動するバンドでもロフトに出演することは、ある種のステイタスになっている部分もあるのではないだろうか。そのロフトでライブを続けていたハードコアパンクであるが、それまでにもロフトとは様々な軋轢があったという。

しかし、なぜそこまでハードコアパンクとだけは相性が悪かったのだろうか。それには伏線があった。

シン「GAUZEとロフトは以前からいろいろあったんだよね。ライブの当日に行ったら別のライブが組まれていて、ダブルブッキングされてたんだよ。それで結局、当日は他のライブが終わってから、夜中に2、3人の客で無理矢理ライブをやって会場を壊したんだけど、ロフトを良く思ってはいなかったんだよね」

ロフト側の話は聞いていないが、ダブルブッキングであればライブハウス側のミスであることは確かだろう。当時のハードコアパンクバンドにそんな仕打ちをすれば、それなりのことはあっても当然だと思うのは筆者だけではないはずだ。

シン「そんな伏線がロフトとの間にあったんだけど、出られなくなった時期のライブのどれかのときに、確か『リハを早くやめろ』とか言われたかなんかで、ヒロが店長を殴ったんだよね。店側に手を出してしまったのが原因で、それからできなくなっちゃったんだよ」

その後、ハードコアパンクがロフトにまた出演できるようになってからも、再び出られなくなったことがあるのだが、そのときもリハでエンジニアとの間に諍い(いさか)があり、ライブハウス側と揉めたことが原因だった。恐らくではあるが、店側としてもハードコアパンクが出演する場合には、何か少し他のジャンルとは違った思いがあったのではないかと思えるほど、それ以降のロフトには出演できなくなることが何度かあったように思う。バンド側が当時ほど過激ではないという部分も大きいとは思うが、現在の歌舞伎町に移転してからはそのようなことがないので、当時と今のロフトでは何かが変化した可能性はあるだろう。

しかし、ロフトでライブができなくなったことによって、ハードコアパンクバンドが出演できる、キャパが大きめのライブハウスが無くなってしまった。渋谷の屋根裏や新宿のジャムスタジオなどでは、せいぜい100人か150人が限界だろう。そうなると、盛り上がりを見せていたハードコアパンクシーンのライブで、この「消毒2デイズ」のようなイベントになると、とてもではないが観客が入りきれない。ちょうど翌年の昭和58年（1983）には、新宿ジャムスタジオで行われていた「エモーショナルマーケット」が終わりを迎えたこともあり、新たにライブハウスを探し始めることとなる。

シン「ロフトを出禁になったから、俺たちは次のホームグラウンドを探していて、鹿鳴館を見つけたんだよ。鹿鳴館のブッキング担当にプライベーツというバンドの人がいて、出してくれることになったんだよね」

レミー「鹿鳴館でライブをやりだしたのが83年ぐらいだと思うな。まずロフトは、ハードコアが一回出れんようになったんよな。ほんで屋根裏の他にないか?っていうんで、シンがあっちの方が広いしどうのこうので鹿鳴館を見つけてきたんではないかな。ワシはGAUZEのおかげでTHE EXECUTEは活動できたと思っとるわ」

現在でもそうであるが、当時のハードコアパンクシーンでも、GAUZEの存在は大きなものがあった。現在も続く日本最古のハードコアパンクのシリーズGIGである「消毒GIG」の主催を行い、そこには新たなバンドがいつも出演する他にも、ライブができる場所を見つけるなどの、シーンにとってなくてはならない重要な部分をGAUZEが率先してやっていた。

筆者「やっぱりシンさんは昔からシーンの重要人物というか、中心ですね。鹿鳴館がなかったらと思うと、ここまで日本にハードコアパンクが根付いていたかどうか」

シン「いえいえ、俺が探したのではありません。俺たちで探したのです」

この思いを持ち続けながら、日本のハードコアパンク創成期から活動を続けるGAUZEが存在したからこそ、日本のハードコアパンクシーンはここまで来れたと確信できる。

そして、鹿鳴館でライブができるようになると同時期に、マサミはヒロシとマーチン、ギターにはデビューだというのにすでにふたり目のメンバーであるジュンが加入し、ついにTHE TRASHでステージに立つこととなる。それも83年6月17日に鹿鳴館で行われたGAUZE主催の「消毒GIG VOL.12 FACT AND CRIMINAL」であり、「消毒GIG」によってどれだけのバンドが世に出たかわからない。この「消毒GIG」と同時期に、神楽坂エクスプロージョンで行われたGAUZEのヒロとヒデマルの結婚式でも、THE TRASH名義としてライブをやっているので、初ライブはどちらになるのか本人たちに聞いてみてもわからないとのことだったが、観客の前でのライブデビューとなると、この鹿鳴館での「消毒GIG」になると思われる。

しかし今、筆者の手元に不思議なフライヤーがある。おそらく82年のものだと思われるが、11月24日に行われたジャムスタでの「エモーショナルマーケット」に「MASAMI BAND」という記載があるフライヤーがあるのだ。そこに書かれている他の出演は非常階段とあのバンドで、様々な人間に話を聞いても、このMASAMI BANDのことを誰も知らない。一体どういうバンドだったのだろうか。この頃にはあのバンドで歌うMASAMIの姿もよくあったので、マサミはすでにボーカルとしてステージには立っていた他にも、昭和52年（1982）10月に某所で行われたライブで「SOLDIER」という名前のバンドで出演している。その日の出演はSOLDIERの他に、あのバンド、THE CLAY、SODOM、SCHEME、マダムエドワルダとあるが、写真ではTHE EXECUTEも出演したと思われる。正式なバンドとして告知されたのは、このライブのときのSOLDIERが最初であると思うが、MASAMI BANDの告知があったライブと同時期であるために、ひょっとしたらMASAMI BANDとはSOLDIERのことである可能性も高い。しかし、THE TRASHのメンバーであるヒロシやマーチンの他に、「エモーショナルマーケット」の企画・高橋氏やKANNON、GAUZEのシン、THE EXECUTEのレミーやバキ、THE CLAYだったカズシに聞いても、SOLDIERやMASAMI BANDのことはわからないという。そこで当日、出演していた非常階段のＪＯＪＯ広重氏に話を聞いてみた。

ＪＯＪＯ広重「１９８２年の秋に新宿ジャムスタで、非常階段、あのバンド、THE TRASHのライブ企画があって、THE TRASHはなにか事情があって出演できなくなったけどマサミさんは会場に来ていて、内容は記憶がないですが、出演前に楽屋で何か話したと思います」

どうやらフライヤーにMASAMI BANDと記載されていただけで、出演はしていないということが、当日、観に行っていたレミーの証言でもわかる。

レミー「あのバンドと非常階段のライブをジャムスタで観たからこの日やと思うけど、そのMASAMI BANDは出てなかったと思う。それで誰もわからんのやと思うわ」

SOLDIERは恐らく一回だけのライブでなくなってしまった可能性が高く、THE TRASHは当時まだ練習中の段階であり、ステージに立つには早かったのかもしれない。なにしろ、全く楽器ができないところから始めたバンドである。メンバーが揃ってからさらに時間を要したのだろう。THE TRSAHの始まりは、マサミとヒロシのふたりによって結成だけはされていた。その後、ギターにジムが加わり、マーチンがドラムとなるのだが、そのパートの決め方が素晴らしすぎる。

ヒロシ「俺が劇場の仕事で地方へ行ってて、帰って来てツバキに行ったらジムが『メンバー決まったから、ヒロシベースね』って言われて「え?」って（笑）。それで俺がベースに決定したの（笑）」

マーチン「マサミはドラムとか無理だし『マサミはボーカルね！』みたいなそういう言い方をヒロシもしてたような気がする（笑）。それでジムがフライングVかなんか持っててギターをちょっと弾けたから、ジムはもうギターでしょうがないって」

ヒロシ「だってジムしか楽器を弾けないんだもん。あいつしかコードを押さえられる人間がいない（笑）」

マーチン「それで俺が残りのドラム? やったことねぇよ（笑）。やったことねぇのになんなの? やるのそれ?って（笑）。『いいよ、じゃあヒロに教えてもらおうよ』って言って、スタジオに池袋のペンタを取ってヒロに来てもらって、それで『ドン、タン』から始めちゃってさ（笑）。ヒロはイライラしてたと思うよ（笑）」

エモーショナルマーケットでMASAMI BANDが出演予定だったフライヤー。

ヒロシ「バンドじゃないよね（笑）」

ジム「スタジオには入ってる感じだったね。でも俺はTHE TRASHでライブはやってないから。他の3人は大酒飲みじゃん？ 酒ばっか飲んでるけど、俺だけ酒飲まないんだよ。押入れの中かなんかに、まだ新宿でスタジオに入ってた頃の会員証があるよ（笑）。全員の名前が書いてあってさ、『TRASH』って書いてあるよ」

その後、みんなでマーチンの家に集まって飲むことが多かったようで、ディスコやライブの延長線上で遊んでいた友達が、バンドになったという。

マーチン「ギターがジュンになった頃だと思うけど、よくうちで飲んでたね。スーパーで買い物するときはジュンが肉係で（笑）」

ヒロシ「だってとりあえずマーチン家だもん。打ち上げの後に行くのはマーチン家（笑）」

マーチン「遊び友達がバンドになったってことであって、だから水上（Ex.鉄アレイ）に『THE TRASHのメンバーは、音楽で繋がってない』って言われたのかもしれない（笑）」

こうしてようやくライブということになるTHE TRASHだったが、マサミは前述の2回のライブでTHE TRASHをクビになってしまう。これだけ仲が良いTHE TRASHに、一体何があったのだろうか？ それはマサミのバンドに対する行動に原因があった。

映画出演とTHE TRASHデビュー

#15

それまでハードコアパンク界隈では、知らぬ者がいなかったマサミとトラッシュ連だったが、ようやくTHE TRASHとしてバンドデビューすることとなった。昭和58年（1983）デビューとなるので、結成から2年が経ちようやくステージに上がることとなるのだが、普段からディスコやライブハウスの他にも、自宅などに集まり飲んでいた遊び仲間で結成されたバンドだったために、楽器を演奏できる人間が皆無に等しかった。唯一コードを抑えられる人間が、ギターのジムだったのだが、デビュー時にはすでに2人目のギタリストであるジュンに変わっている。

しかし、ジムがギターの頃のまだデビュー前であるが、バンドとしては形になっていたのだろう。83年に作られた諸沢利彦監督作品の映画『無防備教室』に、THE TRASHとして出演をしていた。この作品は8ミリで撮影された15分の短編映画で、諸沢監督提供の資料によると、出演は「THE TRASH・浅野ヒロノブ・足立貴枝・萱場忍・坂口一直・額田礼子・堀江愛・安田浩美・他」となっているのだが、マサミやヒロシが出演した映画とはいったいどんな映画だったのだろうか？

そこで、監督である諸沢利彦氏に、当時のTHE TRASHや映画について話を聞いてみた。

諸沢「当時、僕が一緒に映像を作っていたのが、渡剛敏っていうものすごいパンクなピンク映画を作ってるやつだったんだよね。最初に彼が作った映画で僕がカメラだったんだけど、彼がネットワーク的にハードコアとかを知ってたのもあって、アレルギーの宙也君にたまたま縁があったから映画を見せに行ったら、宙也君がすごく気に入ってくれたの。それで次に僕が『こんなのを撮るんだ』って言ったら、確かアレルギー関係の誰かからだった気がするけど、そこからいろいろ繋がって行って、THE TRASHとか何人か紹介してくれたと思う」

『無防備教室』と同時期と言える昭和59年（1984）には日本のハードコアパンク黎明期を記録した安田潤司監督の映画『ちょっとの雨ならがまん』も公開されているように、当時のハードコアパンクシーンは非常に盛り上がりを見せており、様々な媒体で目にするようになっていた。

諸沢「僕は特にハードコアパンクシーンに特化した何かをやりたかったんじゃなくて、映画もそうだけど、とにかく本筋から外れて動いているものがいっぱいあったんだよね。そんな中でミュージシャンに出てもらおうっていうのがあって、様々な人と会う中でいろいろなパンクスが参加してくれるって話だったんだけど、ちょっとした理由があって『出ない』っていう人が結構続出して（笑）。でもTHE TRASHは『別にいいよ』って言ってくれて」

この理由とは、ある人物に出演オファーをして快諾してもらったのだが、その人物が出るなら出ないという人間が出演者の中に多くいたということのようだ。結果的にその人物も出演できなくなってしまったのだが、THE TRASHは全く意に介さず出演を快諾したという。撮影以前に、THE TRASHと最初に会ったときの話も聞かせてくれた。

諸沢「当時のハードコアの噂とか、トラッシュ連がどうとかも全然知らなかったんだよね。それでTHE TRASHに会いに行ったのが、原宿のラフォーレのたぶんパンクの服屋だったと思うんだけど、そこに会いに来てくれって言われて、その店の裏で会ったんだけど、いきなり飛び出しナイフを出されて『今これ流行ってんだよ』とか言われて『これは面倒くせぇなぁ』と思った（笑）。でも話してみると別にそんなことはなくてね」

恐らくこれはジムだというのを、本人が話してくれた。

ジム「マサミの彼女と俺の彼女が、同じラフォーレで働いてて仲良かったんだよ。俺もラフォーレで働いてたし。彼女同士で仲良かったのもあるけど、マサミは寂しがり屋だからね。俺、マサミとはめちゃくちゃ仲良かったんだよ。映画はね、俺とラフォーレの同じ店で働いてたやつと、地下の休憩室で休憩してるときに『こういう話があるんだけど映画出ない?』って言われて『いいんじゃない』っていうことになって、相手が会いたいっていうから会ったんだよね。マサミはラフォーレで働いてたわけじゃないから、会ったのは俺ひとりだと思うよ。その同じ店で働いてたやつが、当時イギリスに旅行に行った帰りにドイツ行って、俺とヒロシとマサミの3人にジャックナイフを買って来てくれたのよ。俺はそのジャックナイフを今も持ってるけど、マサミはたぶん無くしてるね(笑)」

撮影自体は3日間で3シーンを撮影するといったもので、授業中の風景から始まり、あるガタイのでかいデブが試験中にくしゃみをすると、鼻水が飛んで前の女の子の髪の毛につき、その女の子が怒って引っ叩くと、また鼻水がどっかに飛び移るという妙な具合で進むシーンが1日目。2日目は「学校でこんなことをやったら面白い」というアイデアを出演者に出してもらって撮影するということで、そこでTHE TRASHは「だったら秋刀魚を焼きたい」と言ったようである。その意見を取り入れ、監督は七輪を用意して秋刀魚を焼き、無事に撮影は終わったという。3日目は「誰も傷つけない。学校を借りているので学校のものは壊さない」というルールで「何をやってもいい」と、スタートからカットをかけるまで自由にやってもらった映画だという。

諸沢「THE TRASHは、2日目の秋刀魚まではちゃんとやってくれたんだけど、右翼の襲撃に遭ったか何かで事件に巻き込まれて3日目が来れなくなったのね。初対面でいきなりナイフだったんで『あいつらだけは目を離すな』とはスタッフに言ってたんだけど、撮影のときは極めてフレンドリーで、THE TRASHが秋刀魚を焼くシーンはちゃんと映画の中に入ってて、一番ウケるとこではあるんだよね」

マサミやヒロシが七輪で秋刀魚を焼く映画というのが、どうしても想像がつかない上に、一体どんな映画なのか非常に興味深いのだが、残念なことにこの映画のフィルムは、諸沢監督の自宅が火事に遭い焼失してしまい、もう観ることはできない。

諸沢「当時はアンダーグラウンドでも、キレる子が多かったでしょ？ だからうちのスタッフの渡を筆頭に、ちょっとキレちゃったやつも羽交い締めにして止めないと本当に危ない状況があったから、3日目の撮影のときに『何が起こるかな？』って最後見てたら、学校中の机とイスとロッカーを焚き火するように真ん中に集めて、ルースターズの『LET'S ROCK』をかけてみんなで踊り狂ってという感じで、割と平和に終わったんだよね」

最後の撮影の日にTHE TRASHがいたら、全く違う結末の映画になっていただろう。しかし、マサミやヒロシは来られなかった。その理由を、諸沢監督は「右翼の襲撃か何かで」と言っているがどうなのだろう？

ヒロシ「わけわかんないね（笑）。右翼の襲撃の話は初耳だなぁ。覚えてない（笑）」

ジム「撮影の3日目に行かなかったのは、ラフォーレの同じ店でバイトしてたやつが、他の店でバイトしてたやつと喧嘩になっちゃってさ。そいつの揉め事があったんで行けなかったんだけど、たぶんマサミとヒロシもいたと思うんだよなぁ。記憶が曖昧なんだけど」

1日だけしか撮影してないとはいえ、マサミをスクリーンで観ることができるのであれば、さぞかしスクリーン映えしたと思うのは筆者だけではないはずだ。重ね重ね、もう観ることができないのが惜しまれる映画である。こうしてTHE TRASHが出演した映画の撮影と公開があったのも、THE TRASHのデビューと時を同じくした83年であった。

そしていよいよマサミが、THE TRASHとしてステージに上がる。幼少の頃からの思いや、東京に出てきて見つけた信頼できる仲間との日々をバンドとして表現できる機会がやっと訪れた。それは「#14 THE TRASHデビュー前夜」で書いた通り83年6月17日に鹿鳴館で行われたGAUZE主催の「消毒GIG VOL.12 FACT AND CRIMINAL」なのだが、同時期に行われたGAUZEのヒロとヒデマルの結婚式にもTHE TRASHで出演しており、どちらがデビューかは本人たちもわからないということだった。しかし恐らくではあるが、ヒロとヒデマルの結婚式が最初の演奏だったと思える。

ヒロシ「ヒロとヒデマルの結婚式の方が先かも。たぶんね（笑）」

マーチン「一番最初はヒロとヒデマルの結婚パーティーの神楽坂EXPLOSIONで、ベートーベンの『喜びの歌』かなんかをやったんだよねぇ（笑）」

ヒロシ「最初の頃は、スタジオで俺らは楽器を弾けないからジムが曲を作るんだけど、それは曲って言っていいんだかどうなんだか（笑）。唯一、弾けたのはジムだけだったから（笑）」

マーチン「デビュー前に、下田のスタジオで合宿して猛特訓したよね（笑）。スタジオの人に音が漏れたのが聞こえちゃったときに『すごいねぇー』とか言われて、こっちも笑うしかなかったような。後は温泉三昧。近くの露天風呂がある温泉宿に酒とお盆を持って行って、わいわいやって帰りにはその宿の下駄まで履いて帰って（笑）。また次の日、酒を持って行ったら『お風呂でお酒は飲まないでください』って貼り紙があったよ（笑）。飲んだけど（笑）」

シン「ヒロの結婚パーティーの帰りに俺とマーチンが警察に捕まったんだよ。結婚パーティーで、なんか店の中で消化器をぶちまけてたんだよね。俺はそれをまともに食らって全身真っ白な状態でさ。終わって外に出てマーチンたちと歩いて駅まで行ったんだけど、例によって歩いてるやつを殴ったりしてたら、派出所の前だったんですぐに捕まって警察署に連れて行かれて、俺とマーチンは同じ留置場に入ったんだよね（笑）。でも3日ぐらいですぐ出れたけどね」

マーチンが言っているベートーベンの曲を演奏した話のみで、誰に聞いてもヒロとヒデマルの結婚式でのTHE TRASHのライブについての話が出てこない。そのときのエピソードばかりになってしまうのだが、それもTHE TRASHというバンドが人間味で友人たちと繋がっていた証ではないだろうか。しかし、鹿鳴館でのTHE TRASHの「消毒GIG」を観た人間は多く、THE CLAYのギターで現THE TRASHのカズシや、THE EXECUTEのレミーもその中のひとりである。

カズシ「俺、鹿鳴館のときTHE TRASHを観たもん。『なんてヘタクソな連中なんだ！ ヤバイだろこれ』って思った（笑）」

レミー「ワシもTHE TRASHがたぶんこのときが一番最初だっていうライブを観たことあるぞ、鹿鳴館で。『消毒』やな。なんか『大丈夫か？』っちゅうような演奏力だったけどな」

シン「俺たちも下手くそだけどTHE TRASHも下手くそだからなー。だってマーチンがドラムだからな（笑）。押さえるところがわからないって、俺のチフス時代と同じレベルだよ（笑）。THE TRASHはあのメンツが揃っていれば、何を演奏しようがかっこよかったんだよ」

とは言うものの、ライブハウスデビューで観客の前で初めて演奏するTHE TRASHは、とんでもないことをやってしまう。

マーチン「いきなりステージに立った『消毒』のときに『派手にやろうぜ！』なんて言って、スモークマシンを借りて来て、そのマシンもドライアイスを入れる旧式のやつで、水上が扇いでくれたんだけど、モクモクしすぎちゃって（笑）」

ヒロシ「しかもスモーク焚いてストロボやったら、フラッシュでもうなんだか全然わかんないんだよ。『全然見えねぇよ！』って（笑）。ちゃんと見えたってなかなか弾けないのに、ギャグだよギャグ（笑）」

カズシ「当時、あんなとこでスモークなんか焚くバンドいなかったから、新鮮だった。『なんだこの人たち？』って」

ヒロシ「スモーク焚くのは1回しかやってねぇよ！　でもマサミと一緒にやったのは、その『消毒』とEXPLOSIONのヒロの結婚式の2回だけだからね。だってマサミ、スタジオに来ないんだもん（笑）。そのときの彼女から電話がかかってきて『マサミちゃん、車にはねられちゃって』とかそんなことばっかり言って来やしねぇんだよ。クビだよクビ（笑）」

車にはねられているわけがない。それは誰にでもわかる。しかし、本当のところはどうだったのだろう。

マーチン「来ないわけじゃなかったんだよ。あのときはマサミがベロベロに酔って海に行って、その帰りに道に迷ってさ。小田急線の和泉多摩川にある八百修っていう八百屋がやっているスタジオでヒロシが『もういいよ!』みたいな感じだったね。ヒロシは音楽がものすごく大好きだから」

ヒロシ「スタジオに入らないと練習しないのにさ、それも来なかったらどうにもならないじゃん。だって、Aの音もわからないんだから(笑)」

こうしてマサミは自らの行動によって、たった2回のライブでやっと手に入れた表現の場を失ってしまう。揉めて別れた感じでもあるがどうなのだろうか。

マーチン「いっときはそんな感じのこともあったよ。疎遠になったことがある」

ヒロシ「うん。一時期ね。だってクビにしたんだもん。そりゃなるだろ」

ヒロシやマーチンとも、いっときではあるが疎遠になってしまったマサミだが、バンドとしての表現を諦めなかった。そして新たな友との出会いによって、マサミのバンドとしての活動が活発になっていくこととなる。

これがジャパニーズハードコア界不朽の名作『GREAT PUNK HITS』が発売された83年のことだった。

新たなる友との出会い

#16

昭和58年（1983）6月に、ようやくTHE TRASHのボーカルとしてステージに立ったマサミだったが、自らのバンドに対する姿勢によりクビになってしまう。

自分が初めてバンドを組んだときを思い出してみると、スタジオでの練習は非常に面白く新鮮で、音楽というものを通じて仲間同士ひとつのことに打ち込める楽しみにのめり込んでいた。一般的にもバンドをやっている人間であれば、多かれ少なかれそういった部分は多いと思う。しかし、それまで奔放に生きて来たマサミにとって、たとえ自己表現の手段として選んだバンドだとしても「スタジオで練習する」という、バンドマンにとって当然のことが、決まった時間に決まった場所に行き、決められたことを行うという窮屈な行動と感じられたのかもしれない。確かにこの一連の動作は、学校や仕事勤めなどの社会的な行動と同じではある。そうした社会的行動を窮屈だと感じる部分が、マサミのパンクスたる所以なのかもしれない。

しかし、THE TRASHをクビになったことで、常に一緒に遊んでいた仲間たちと疎遠になってしまう。それは、それまでの自分にぽっかりと穴が空いたような気分だっただろう。しかしマサミは、この時期に新たな交友関係ができることとなる。当時、マサミが住んでいたのは千駄ヶ谷で、原宿はマサミの地元と言っていい日常的に出没するテリトリーだった。THE TRASHをクビになった直後の83年の夏頃、マサミはいつものように原宿をぶらついていたのだろう。ラフォーレの前でGHOULの初代ベーシストであり現FINAL BOMBSのBEAR BOMBと出会うこととなる。

BEAR BOMB「82年の『消毒2デイズ』の次の年の83年の夏ぐらいに、ラフォーレの前でマサミが座ってて『マサミさんですか?』って話しかけてさ。その頃、俺は仕事を辞めて原宿に引っ越して来たばっかりで『原宿に引っ越して来たんですよ』って言ったら、マサミは千駄ヶ谷に住んでて『近所だな』みたいな話になって、それからお互いの家に行き来するようになったんだよな」

THE TRASHをクビになった直後の夏にBEAR BOMBと出会うという、今考えてみると運命的とも感じられる出会いである。

BEAR BOMB「会ってからすぐ仲良くなって、マサミんちまで5分ぐらいだったから、それから1年間ぐらいマサミんちに毎週土曜日に遊びに行くようになったんだよな。その後はもう、なんにもなくてもしょっちゅうマサミんちに行ってたな。原宿のバーで働いてたロカビリーのベリーってやつもいてさ、3人で1年間ぐらい土曜日に、酒飲んだりしてマサミんちにずーっといたんだよ（笑）。俺がマサミんちにいて、ベリーが仕事終わってから来て、朝まで飲んでたみたいな感じだな。あと、ローラーのジルって女の子と、マサミの彼女もいたし」

それまでであれば、土曜にはライブに行くかTHE TRASHのメンバーとマーチンの家で鍋などをやりながら飲むのが常だった。しかし、THE TRASHとは疎遠になってしまったために、仲間と一緒にわいわいやるのが好きだったマサミとしては、寂しい思いもあったのではないだろうか。ちょうどそんなときに出会ったBEAR BOMBの存在により、また仲間と楽しく過ごせる時間を持てるようになったのは、マサミにとってどれほどの喜びだっただろう。こうした仲間を大切にする部分には、幼少の頃から変わらぬマサミが感じられる。

カズシ「ベリー!!! ヤバいんだよ、またその人が。安岡力也さんの舎弟でしょ？ 最初に会ったときに、俺、いきなり首をつかまれてすごまれてさぁ。それでその後、ハードコアのライブに来て、やっぱり首をつかまれたんだけど『あれ？ お前THE CLAYだったの？』って言われて、えらい怖かった（笑）」

このときのベリーとの付き合いの中で、マサミは内田裕也主催の「ニューイヤーロックフェス」にも行っていたのではないかと思われる。「ニューイヤーロックフェス」に行っていた友人から聞いたマサミの逸話があり、マサミがハードコア以外でも交友が広かったことが窺える。当時のニューイヤーロックフェスにマサミがよく行っていたことが窺える話を、友人が聞かせてくれた。

マリコ「『ニューイヤーロックフェス』が、浅草（国際劇場）から渋谷パルコ（PARCO西武劇場）に移って初めてやったときに、うちらはまだ高校生で例のごとくパルコの外にある非常階段を会場のある7階まで登って裏口から入ろうとしたの。そしたら7階まで行って裏口の扉を開けようとしたら、扉が開かないの。それでしばらくどうするか考えを巡らせてたけど、吹き抜けの7階だから寒くて寒くてかなりやばかったの。そしたら突然扉が開いて、みんなで一瞬息をひそめて『力也とかだったら死ぬかも』って思ったら、なんとマサミさんで『お前ら何やってんの？』って言われて『お金なくて入れなくて、ここから入ろうとしたら開かなくて』って言ったら、『ちょっと待ってろ』って言って、10分後ぐらいにまたマサミさんが出てきたら『入んな、大丈夫だから』って、どうやら関係者に許可を貰ってくれたみたいだったの」

マサミはいつも若いパンクスには優しかった。これだけではなく様々な話があるのだが、中でも元SAMURAI、現SLIP HEAD BUTTのギターであるシャムの話は、マサミの優しさがよくわかる逸話である。

シャム「マサミさんを含めて6、7人ぐらいで、誰かの引っ越しの手伝いかなんかで、原宿か渋谷に行ったんだよ。マサミさんの他は、俺ら16、17歳ぐらいのやつらが4、5人いるわけ。それで手伝いが終わって飲み会もなしで『どうしようか？』って夕方の国道２４６を歩いてたんだよ。そしたらバイクが４列ずっと続いてて切れない感じの、すげぇでかい暴走族が来て、マサミさんが車道に一歩ぐらい入って『頑張れー！　オラァ！』とかやってんの（笑）。そのときのマサミさんはピンクのモヒカンで、すげぇ目立つじゃん？　族はもうびっくりして単車が2、3台停まって見にきたの。そしたら喧嘩かなんか始まったのかと思って、次々とバイクが停まり出したんだけど、停まったやつらがみんなマサミさんを見て『すっごいかっこいいー！』みたいになって、目がハートマークなの（笑）。それで10何台か停まっちゃって、みんなマサミさんと喋ってたら、その場所のすぐ横のビルの2階が、ヤクザの親分が調子悪くて寝てる部屋だったの。それで幹部みたいなのが出てきて『オイ！　今、親分が寝てるんだよ』ってなっちゃってさ」

ここで暴走族と揉め事にならないのも不思議なところではあるが、マサミの圧倒的な存在感によって全てを包み込んでしまい、若い暴走族たちではマサミのオーラには太刀打ちできなかったのであろう。たとえそれが何百台の暴走族でも。

シャム「そのときに16、17の俺らから見て、もうマサミさんは24歳の大人なんだよ。それでヤクザに『俺が今こいつら停めて注意して帰すところだから』って言ってて『大人だなぁ～！』ってマジで思ってさ。『注意してるところです』って言わないと、ヤクザと暴走族がやばいことになると思って言ったんだと思う。本当は『頑張れ』って言ってたんだけど（笑）。でも、このヤクザの幹部とやばいことになるのは暴走族のやつらだから『注意してたところだから、ちょうど今解散する』みたいに言うってさ」

しかし事態はそれだけでは終わらなかった。

シャム「そしたら、そのヤーさんが『近くに俺たちがやってる飲み屋があるから、全員連れてこい』ってなって行ったわけ。それで俺らは16、17歳でさ、日本酒が出ても全然飲めないの。そしたらマサミさんが、全員の席を回って横に座って、ヤーさんが見てない隙に机の下とかに酒を捨ててくれるのよ。めっちゃいい人でさ。そしたら空になってるから、ヤクザがまた注ぐわけよ。そうすると、また喋ってるふりして捨ててくれるの。『大人〜！』って思ってさ」

そのときにマサミとヤクザが喋っている中で、マサミが24歳と言っていたので、シャムが当時のマサミの年齢を覚えていたのだが、そうなると82年か83年頃の話であると思われる。

シャム「それが終わって帰るときになってみんなで歩いてたら、スーパーの入り口に卵とか積んでるワゴンがあるじゃん？ それを発見しちゃって、マサミさんが全員に一箱ずつ渡すわけ（笑）。戦争の始まり（笑）。でもね、そこでもやっぱりマサミさんは年上で俺らは年下だから、絶対にぶつけないの。ギリギリ狙って道路へとかに投げてて『優しい〜！ この人！』みたいに思ったなぁ」

こうしたマサミの若いパンクスたちへの優しさを感じる逸話は他にもたくさんあるのだが、同世代の仲間に対しても非常に侠気溢れる逸話も多くある。それは以降の話で書くとして、マサミはBEAR BOMBという新たな仲間との出会いによって、再びバンドへの情熱が沸き起こる。

BEAR BOMB「マサミんちでずーっと遊んでいて、マサミとつるんでライブに行ったりしてれば、必然的に『バンドやろうぜ！』みたいになるじゃん？ 83年の終わり頃にはそんな話をしてたような気がする。そのときのマサミはバンドはやってなかったと思うよ。それで『バンドやろうよ』って話になったんだもん」

こうしてGHOULが結成されることとなるのだが、マサミの右手欠損についてBEAR BOMBは気にしていた部分もあったようだ。しかし、GHOULというバンドで一緒に活動していこうという思いが通じ合った瞬間があった。

BEAR BOMB「俺が会ったのが夏頃だったから『風呂入ろうぜ』ってマサミが言ってきて、一緒に風呂入ったんだよ。そのときに『手がないからどうすんのかな？ 洗ってやらなきゃまずいのかな？』とかいろいろ妄想してたらさ、手首のとこがちょこっと曲がるじゃん？ あそこにタオルをクルクルって巻いて抑えて洗っててさ。そのときに俺は『もうマサミの手のことは何も考えねぇでいいんだな』って思ったんだよな」

こうしたBEAR BOMBの思いがマサミに伝わったのだろう。それ以降GHOULでのふたりの活躍は、東京のハードコアシーンにおいて突出して目立つものとなり、若いパンクスたちの憧れの存在となっていった。

こうしてマサミのふたつ目のバンドであり、世にマサミの存在を知らしめるGHOULがデビューするわけだが、それは昭和59年（1984）3月のことだった。

#17 突出した存在感

GHOULのデビュー時には、すでに鹿鳴館でのハードコアパンクのライブが行われていたので、恐らくその頃の話であると思うのだが、鹿鳴館である事件があり、マサミの存在によって解決したという話をGAUZEのシンが話してくれた。

シン「鹿鳴館でよく俺たちがライブをやってた頃に、結構ヒロとヒデマルが荒れてて、かなりわけがわかんなくなってる時期があったんだよ。俺たちが外に出たら、ヒロがわけわかんなくなって通行人に暴力を振るって、凄いことになっちゃっててさ。歩いてる女の子でも野郎でも、とにかく殴りかかってどうにもなんなくてさ。それで止めに入ったら、ヒロが『シンとピルを殴らせろ』って言うんだよ。だから『いいよ、俺を殴ればこんなことはやめるんだったら殴ってみろよ』って言ったんだよ。そしたら俺のことを殴って、隣にいたピルも殴ったら、ピルには3倍返しぐらいで殴られてたけど(笑)。でもさ、ヒロはもう死んじゃったから会えないけど、本当にいいやつだったんだよね」

目黒鹿鳴館の前といえば、権之助坂といって片側2車線と駐車レーンがあるので、実質3車線ほどある広い通りに沿って歩道があり、JR目黒駅に向かう人通りの多い場所である。鹿鳴館でライブがあるたびに、その歩道部分はパンクスで埋め尽くされ、通行人もかなり通りにくかったとは思うが、そこで無差別に通行人に襲いかかるパンクスはいなかった。しかし、当時のヒロとヒデマルは、そこまでになってしまう状況があったのだろう。それから少ししてからだと思うが、ヒロはGAUZEを脱退する。

シン「そんな風にヒロとゴタゴタしてたらさ、ヒデマルもわけわかんなくなってるから車道に飛び出すのよ。それを引き止めて引っ張って来たら、舌を噛み切ろうとしたのね。『ヒデマル！ それは死んじまうからやめろ！』って舌を噛まないように、顎の関節を押さえて口を開けさせようとしたんだけど、普通の男の手じゃ口の中に入らねぇんだよ。そしたら今でもよく覚えてる漫画みたいな話なんだけど、後ろからスッとマサミが無言でやってきて、欠損してる腕を口にガボッて突っ込んだのよ。舌を噛めないようにね。マサミの手首から先のない腕なら女の口の中でも入るんだよ。それでヒデマルはマサミが口に突っ込んだ腕を噛んでるんだよ。何とも言わずにさ。結構な時間、その状態でいたんだけど、それでなんとかヒデマルも落ち着いて、マサミは口から腕を抜いたんだけどさ」

このときは右手の欠損によって、ひとりの人間の命を救ったと言えるが、反対に欠損した右手で人を殴ることもよくあった。拳よりも細い先端は、対人でダメージを与えるパンチとしては相当な威力があった。マサミの中で、右手の欠損は大きな心のつかえだったはずだ。それが原因で、幼少の頃にはひどい目にもたくさん遭ってきた。しかし東京に出てきて仲間と出会い、ハードコアパンクと出会ったことで、その心のつかえが全くなくなり、逆に自分の長所として捉えていたのではないかと思える話である。

シン「マサミってさ、俺たちみたいにガタガタ言わねぇでやるんだよ。口数は少ないけどめちゃくちゃ侠気があって、本当にマサミはかっこいいよ」

そしてマサミは、疎遠になっていたTHE TRASHのメンバーともすぐに関係を修復し、GHOULの活動によって東京のハードコアパンクシーンの中心を担うようになっていく。

シン「マサミは気遣いをするやつだったんだよ。マサミが俺たちの音楽を好きだったかどうかはわかんないけど、ライブを盛り上げてくれるんだよ。それが一番わかりやすいのが『天国注射の昼』（１９８３年８月21日、９月17日）かな。あのときステージから見てて思ったのは、マサミは別に俺たちを観てノッてたわけじゃないんだよ。あのときってお客さんがいっぱいいたけど、俺たちのライブをやっててノッてくれてたのは内田とマサミと、あとひとり、ふたりしかいなかったから。それでマサミは、客をマイクスタンドかなんかで突いて盛り上げようとしてくれてるんだよ。すげぇ優しいやつだなと思ってさ。そういうやつなんだよ」


　そして、ちょうどマサミがTHE TRASHをクビになった後の昭和58年（１９８３）８月13日に、横浜のドヤ街である寿町でフリーコンサートが行われた。じゃがたらや吉野大作&プロスティテュート、THE FOOLSなどの様々なジャンルのバンドが出演する中、あのバンド、ラフィンノーズ、モホークスなどのハードコアパンクのバンドも一部出ていた。

　そこにTHE TRASHも出演していたのだが、YouTubeなどでその日の映像が観ることができる。しかしTHE TRASHが出演しているにもかかわらず、マサミの姿が見えない。恐らくマサミがTHE TRASHをクビになった後に、メンバーと疎遠になっていた時期ではないかと思われるが、他にもちょうど警察に逮捕されていてこの日のライブに行けなかったという話もある。どちらの理由にせよ、何かの理由がなければ、こんなライブにマサミが姿を表さないという事実は想像ができない。

　そして、その日のライブで事件が起きてしまう。

　事件のきっかけは、このフリーコンサートが開催される少し前に、横浜の公園でホームレスが袋叩きにされ、殺される事件があった。そのため寿町のドヤ街のホームレスや労働者の団体には緊張感があり、殺気立っていた時期に開催されたフリーコンサートだった。

　そんな中で始まったフリーコンサートで、ハードコア勢のライブの時間がやってくる。いくつかのバンドが演奏する中、

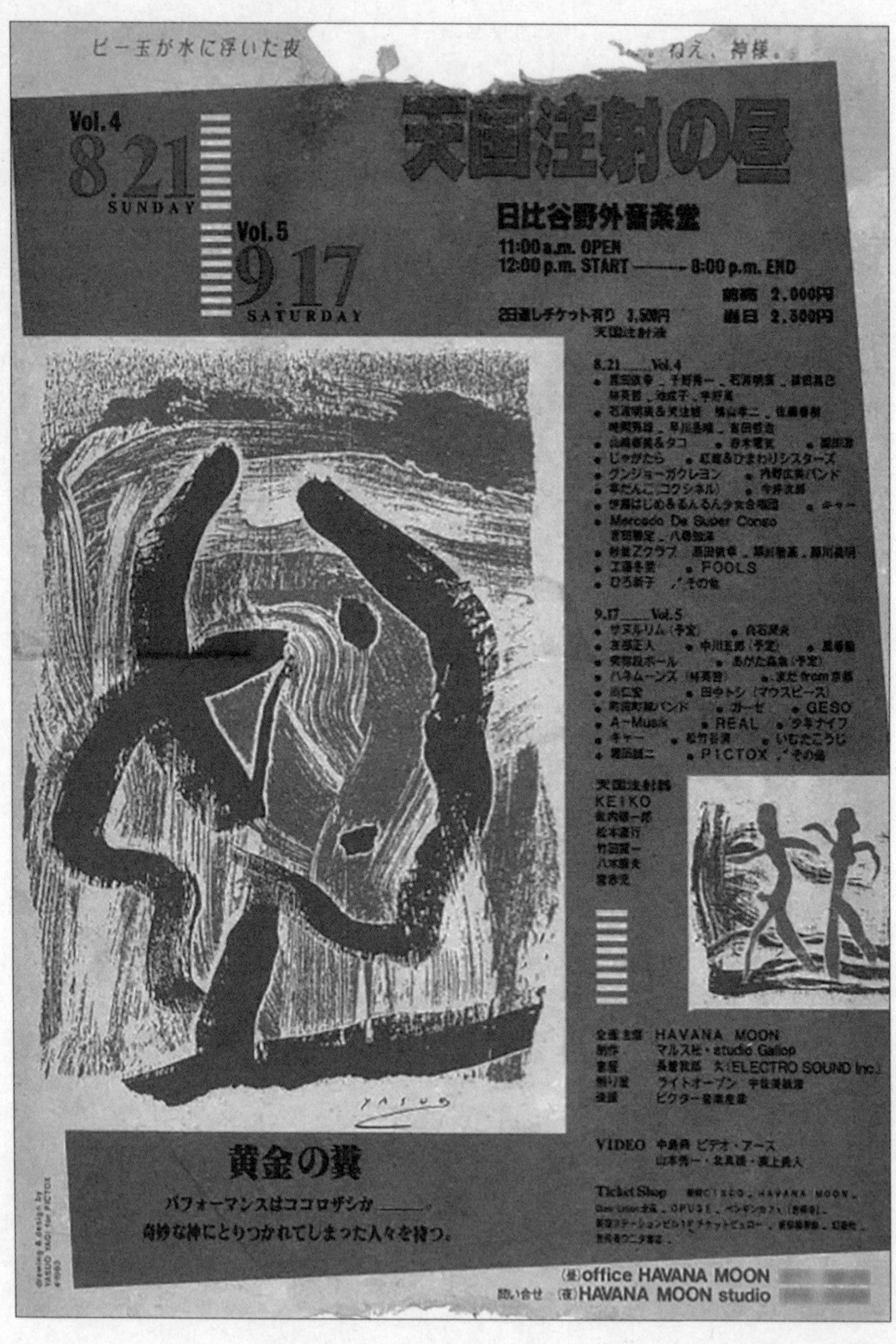

GAUZEが出演した日比谷野音「天国注射の昼」のフライヤー

ナイフを出した人間がいた。それを見た労働者の中で、逞しい体格で警備隊長のような人間が揉め出し、それによってその場にいたホームレスや労働者の人たちと、観客のパンクスや出演者などの間に揉め事が起き始める。そして労働者側と出演者や客など、その場にいたパンクスたちのほとんどが話し合いをすることになり、軟禁状態にされてしまうこととなる。話し合いのために軟禁された場所では、そこにいたパンクス全員に向かって、労働者側の代表からこう言われたという。

「今外に出たら、3千人からの浮浪者が全員お前らの敵だからな」

そんな緊迫した場面にいたのが、じゃがたらのボーカル・江戸アケミだ。そんな一触即発の状態の場所で「じゃあさ、全員出てみんなでやりあおうよ！　あんた気に入らないならタイマン張ろうよ。みんなは関係ないじゃん。それでいいじゃん」と言ったというのだから、やはり江戸アケミという人物は、ひと味もふた味も別次元の世界にいたのではないかと思える。

しかしその後、労働者側の代表が「お前ら、ナイフは脅しじゃなくて刺すものだ。お前らのライブに行って、両手に包丁を持って暴れてやる」となったところ、バンド側が謝罪することで事態が収まり、和解したようだ。

こんな事件があったのだが、なぜかその軟禁された中に、出演していたTHE TRASHのメンバーは誰一人いなかったという。どこに行っているのかとみんな不思議だったようだが、しばらくすると、事件の緊張感とは全く違った様子でTHE TRASHのメンバーたちが帰ってきたというではないか。

ヒロシ「ライブが始まった頃はみんなすげーフレンドリーでさ、労働者のみんなとトリスを回し飲みしてたんだよ。それで途中でメンバーと『中華街で鯉の丸揚げを食おう！』って店に行ったんだよ。鯉の丸揚げは頼まなかったんだけど、食べて飲んでライブに戻ったら険悪なムードでさぁ。こっちは全然訳がわからないし」

GHOULデビューライブのフライヤー

このときはすでに揉め事は終わっていたのだろう。不幸中の幸いというか、なんと言えばいいのか、THE TRASHはこの揉め事とは無縁だった。そしてTHE TRASHのメンバーはこの日、寿町に住んでいる労働者の家に泊まったという。

ヒロシ「ライブが終わって近くの飲み屋で飲んでたら、帰るときに客のおじさんが『どこまで帰るんだ?』って聞くから『東京だよ!』って言ったら『とっくに電車終わってるよ!』って言われて困ってたら、そのおじさんが『うちに泊めてやる』っていうんで、3畳くらいのトイレ共同の第2浜松荘ってとこに泊めてもらったんだよ(笑)。朝は弁当を買ってきてくれて、その後、『別府トルコ』っていう銭湯に連れて行ってくれて、すげぇ世話になって帰って来たんだよな」

巷では不穏な話しかない寿町フリーライブの逸話だが、非常に危険な存在と思われるトラッシュ連が、一番地元の労働者と打ち解けあっていた。この日、マサミはいなかったが、こうしたフレンドリーな人間性というのはトラッシュ連の最大の魅力であると思う。

マサミがTHE TRASHと疎遠になっている間には、こんなこともあった東京のハードコアパンクシーンであったが、その後、THE TRASHとマサミは和解をする。

マーチン「ちょっとマサミと疎遠になってるときに電話がかかってきてさ。『GHOULってバンドをやるんだ』って。それで『自分で描いた絵があるから来てくんない?』って。

THE TRASHで、自分がスタジオに行かなかったことを反省していたのかもしれない。自ら電話をかけ、気心の知れた仲間との関係を修復する。

マーチン「まぁでも仲いいよね。どんなにバンドのこととかで揉めたとしても、個々として好きだった。それからはまた、いつものようにだいたい夜中に電話がかかってきて『今から飲もうよ』ってのがいっぱいあった（笑）」

やはりマサミはTHE TRASHのメンバーのことが大好きだったのだろう。一番の理解者でもあり、東京に出てきてからのマサミを作った大切な仲間である。

こうしてTHE TRASHという大切な仲間とも和解し、新たなバンド「GHOUL」を結成し活動し始めることとなる。

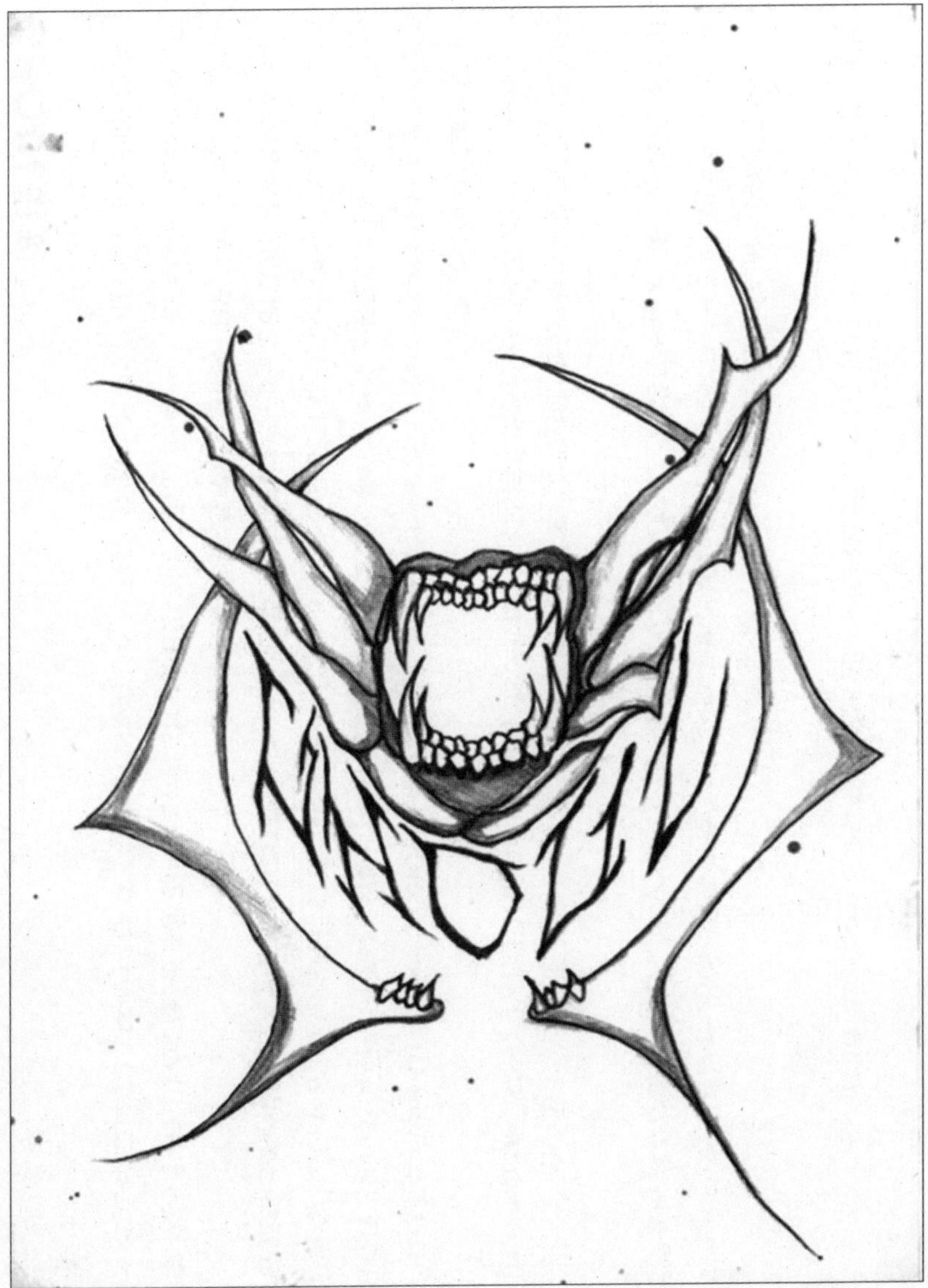

マサミが最初に手書きで描いたGHOULのロゴマーク

#18 GHOUL結成

新たにBEAR BOMBという友ができ、ほぼいつも一緒にいるようになったマサミは、ついに自分のバンドであるGHOULをスタートさせることとなる。THE TRASHをクビになりバンド活動をやっていなかったマサミが、毎週のように遊んでいたBEAR BOMBとバンドを始めるのは必然だった。

マサミとBEAR BOMBのトロージャン姿は、当時のパンクスたちの憧れの存在であり、筆者もその頃原宿に行くと、いつもこのふたりを見かけては「いつかあんなかっこいいトロージャンにしたい」と思っていた。その後、筆者もトロージャンにしたので細かい説明をすると、マサミは眉毛のない前髪まで立てるタイプのトロージャンで、BEAR BOMBは眉毛があり、前髪を垂らした立て方をするタイプで、ふたりが並んでいると、もうそこはまるで日本ではないかのような雰囲気が漂っていた。

こんなふたりが始めるバンドであれば期待せずにはいられない。しかしGHOULのメンバーは、まだマサミとBEAR BOMBのふたりだけである。そこでメンバーを探すことになった。

BEAR BOMB「俺、ギターは弾いてたんだけど、ベースは弾いたことなくてさ、『ベースだったら弦4本だし簡単じゃね？』とか思って、ベースになったんだよな（笑）。それでマックスが東京に出て来て、どこかで会ったときに『入れてよ』みたいな話になったと思うんだよな」

BEAR BOMBはこう言っているが、生前のマックスに聞いたときには次のような話であった。

BEAR BOMB「お前、北海道から家出してきたんだよな。それでGHOUL入れてくれって」

マックス「逆だよ逆！『お前は入れ！』って言われて。家出してきて毎日、原宿をウロチョロしてて、マサミさんと知り合って」

BEAR BOMB「ええ〜？ お前が入れてくれって言ってなかったっけ？ 1回、強制送還で実家に帰ったときにGHOULがもうできてて、また東京に戻ってきてから入ったんだよな」

こうしてマックスはGHOULの正式メンバーとなるのだが、GHOULのデビューGIGのギターは、現在GASTUNK、湾岸の羊などでギターを弾くタツである。そこでタツにも話を聞いてみた。

BEAR BOMB「練習もたぶん3回ぐらいしかしねぇで、GAUZEの『消毒』に誘われて、ギターがいなかったからタツに頼んで出たんだよ」

タツ「GHOULは最初、マックスがやるのやんねぇのっていう話があったんだよ。マックスが『どうしようかなぁ』みたいになってて、俺は『やればいいじゃん』って言ってたんだけど、何かでマックスがやらないってことになったんだよね。それで『ギターが見つかるまでやってよ』って言われてギターをやったんだけど、結局はマックスがやるってことになったっていうのは覚えてる。それでマックスが入るから『じゃあ俺はもう任務終了だな』って思ったんだもん」

BEAR BOMB「タツは何曲か作って来て、GHOULでライブをやったのは1回だけだよ」

タツ「3曲作っていくっていう約束で、3曲作って出してライブではやったと思うんだよ。ライブは1回しかやってないのかもしれないけど、でも最初の2、3回はやった気がするんだよね。それが微妙なんだけど、俺の曲もライブで3曲やったと思うんだよね」

しかし、GHOULのライブは、デビューである昭和59年（1984）3月5日の鹿鳴館以降、4月2日、4月14日とライブが立て続けにあったため、スケジュールとしてはかなりタイトなものである。そこで新たなギターにチェンジするというのは難しい気もする。ドラムのテツにも話を聞いてみた。

テツ「タツは1回だけじゃないと思うなぁ（笑）。だってそれだったら、マックスが入ってすぐ練習しとかんといかんわけだからね。だからタツで2、3回はやってると思うよ。屋根裏もタツとやった気がするけどなぁ」

BEAR BOMB「でも覚えてねぇ（笑）。40年ぐらい前だもんな（笑）」

こうしてタツの後にマックスが加入することとなったGHOULだが、ドラムのテツの加入はどんな経緯だったのだろう。

テツ「原宿にジムズインってあったじゃん？ あそこのジムが『マサミが新しくバンドを作るからドラムを探してる』って言うから『じゃあ、俺やるよ』って入ったんだけど。そのときには、もうクマちゃん（BEAR BOMB）とマサミちゃんでやることは決まっとったで」

現在は原宿の竹下通りにあるジムズインだが、THE TRASHの初代ギタリストであるジムが始めたパンクショップで、当時はまだ原宿駅前のテント村にあり、そこでテツはマサミのバンド結成の話を聞いたようだ。

テツ「なんでジムズインに行ってたんか覚えてねぇんやけど、ツバキハウスがらみだったんかなぁ？ でも俺がツバキに行ってた頃は、マサミちゃんを一方的にこっちが知っとっただけだったし、しかもその頃、マサミちゃんは出入り禁止になっとったから、ディスコでは会ってないわ（笑）。最初に『じゃあ、俺タイコやるわ』って言ったのは、テント村のジムズインじゃないかなぁ」

ジム「俺がテツに声を掛けたんだもん。テツはルックスが良かったし、それでドラムをやってるって言うから『じゃあマサミがバンドやるからそこに入れよ』って言ったんだよね」

こうしてメンバーが見つかり、マサミはTHE TRASH以降でやっとライブができることとなる。GHOULのデビューは前述した84年3月5日の鹿鳴館なのだが、このライブも「消毒ＧＩＧ」である。THE TRASHにせよGHOULにせよ他のバンドにせよ、新宿ジャムスタジオでの「エモーショナルマーケット」が終了してからは、東京のハードコアパンクバンドは皆、「消毒ＧＩＧ」に出演してから観客に浸透して行ったことがよくわかる。GAUZEの存在によって、日本のハードコアは盛り上がっていったと言っても、決して過言ではないだろう。

こうしてGHOULを結成したマサミだったが、結成後のマサミには表現というものに対して常人とは一線を画す逸話がある。そこにはマサミという人間が持つ、尋常ではない一面がわかる事実があった。

サックス奏者で、じゃがたらやAUTO-MODでも演奏しており、「消毒ＧＩＧ」第1回目にも出演していた長嶌ＢＥＭが、当時楽器でのパフォーマンスをやっており、マサミと接点があったことが一度だけあるという。84年12月1日、15日、22日、29日の4日間にわたって新宿シアターニューモダンアートで行われた企画ライブ「ロックン・パー」でのことだった。

BEM「新宿のモダンアート（ストリップ劇場）での友人の企画で、バンドと前衛パフォーマンス大会をやりました。そのとき私は、金属のパイプにコンタクトマイクをつけ、ヤスリ等で削って、その音を増幅していくというパフォーマンスをやっていました。客席にライブハウスで見かける鉧爪をつけたパンクスがいて、私のパフォーマンスをじっと見ていた。それがマサミでした」

かなりアーティスティックなイベントであることが窺えるが、ディスコでの遊びやハードコアパンクのライブだけではなく、こうしたところにも顔を出すというのも、マサミという人間が面白そうな場所にはジャンルを問わず出没していたことがわかる。ひょっとしたらマサミは、ハードコアパンクに触れたこの時期に、表現者として何かを模索している最中であったのかもしれない。

BEM「パフォーマンスが終わってから、マサミといろいろと話しました。そしてマサミの義手で私がやっていたパフォーマンスをやろうという話になり、スタジオで実験しようということになりました。後日、新宿のジャムスタジオにふたりで入り、いろいろと実験しましたが、ジワジワと過激になっていきました」

話をしているうちに、どんどん過激になっていく様子は、マサミという人間そのものが、まさにハードコアパンクだと言えるほどすさまじいものだった。

BEM「外部につけた金属を削るのではなく、人体の骨と金属にしようという話になり、マサミが『自分でマイクを口で咥えて骨を剥き出しにして、骨をヤスリで削ってみよう』とか『コンタクトマイクを肩に埋め込んで、義手を削ろう』など……。でも何か起こったときに、私は責任が取れない。私はビビってしまい、マサミとの話からは降りまし

新宿モダンアートで行われた「ロックン・パー」のフライヤー

た。狂ってるし、実行不可能だと思った。変なやつだった」

表現の手段として、ここまで過激なことを実行しようと思うのは並大抵のことではない。しかしマサミの生き様から見れば、ハードコアというものは、これぐらいやって当然だと感じていたのかもしれない。

BEM「私は美術解剖学をやっていてメスとかも持っていたし、知り合いに病院関係者とかが多くて、実行可能な状況ではあったんですが、実際にはマサミの右手の骨はむき出しになっているわけではなく、でも右手の先端は切断されているわけじゃないですか？ それを剥いてっていうのはやっぱり実行できなくて、もう完全に私はビビりましたね。そこまではいけなかった。だって何かあって、マサミの血が止まらなくなったりなどしたときには、私の責任になるので『それはちょっとできないよ』って言ってやめましたね。モダンアートにいたときの最初のパッと見はギラギラしたヤバいやつだったが、スタジオでは普通の青年だった。でも本当に発想の鋭いやつだった」

マサミの生涯のバンド活動の中で、マサミソロ作品の『POWER LINE X SHOCK LINE』に収録された楽曲「FURY GAY」での歌詞以外、マサミのボーカルには歌詞がない。しかし歌詞がなくとも、マサミが登場するだけで会場が一体となるオーラを纏っていた。パフォーマーとして、表現者として活動し続けたマサミであったが、表現においては独自な感性があったのだろう。

マサミの人生において感じた、自分の中にある全てを表現するには、ハードコアパンクという生き方がベストだとマサミは選択したと筆者は感じている。長嶌BEMの話やその後のマサミの表現方法を見る限り、ステージにしろ日常にしろ、生半可な気持ちで表現をしていたとは思えない。ハードコアパンクとしてマサミが自分自身を表現するときに、言葉という既成の手段では表現したくなかったのではないか？と感じてしまう逸話だと思うのは考えすぎだろうか? それほどまでに苛烈な生き様であったことは、これまでの話だけでも十二分にわかると思う。

こうしてGHOULとしてバンド活動を開始すると、それまでのマサミの存在感がバンドとして表現され始め軌道に乗っていく。

当時非常に盛り上がっていた法政大学学生会館大ホールのイベント「法政バトルDAYS」への出演では2回とも事件が起きており、他にも、初めて関西でライブを行うことになる。関西のライブにはZOUO、COBRA、MOBS、BONESの他にも錚々たるメンツが参加し、GHOULがトリを飾ることとなるのがちょうど『ハードコア不法集会(Hardcore Unlawful Assembly)』が発売された年の84年7月22日、京都アビエックスでのライブであった。

#19 東京バトルDAYSとGHOUL初関西

それまでもトラッシュ連として、東京ハードコアパンク界で知らぬ者はいなかったマサミだが、新たに自らのバンドであるGHOULを結成し、バンド活動においても注目の存在となっていく。

昭和59年（1984）3月5日の鹿鳴館でのデビューを皮切りに、そこから毎月2、3本のライブを行い、当時、渋谷にあった屋根裏のハードコアパンクのGIGに行くと、ほとんどのようにGHOULは出演していたような記憶がある。その他にも原宿歩行者天国で行なわれていた「ロードサイドロッカーズ」や、法政大学学生会館大ホール（通称：学館大ホール）で行われた「東京バトルDAYS」にも出演し、瞬く間にGHOULは東京のハードコアパンクシーンの中心的存在となっていった。

法政大学学館大ホールで行われた「東京バトルDAYS」は、6月と9月の2回に渡って行われているのだが、1回目の84年6月22日、23日、24日の3日間にわたって行われた「東京バトルDAYS」の事件によって、またもやマサミは友人のために一肌脱ぐこととなる。その日の出演事情で企画者側に対して、AUTO-MODのジュネが快く思っていない出来事があった。

ジュネ「俺も何をしたってわけじゃないんだけど、サディサッズが出るのに、何かクソみたいな扱いをされて『ふざけんな』ってなって、ちょっと脅かしてやるつもりでさ。人を殴ったりとかは全然してないんだけど『ピルとナオキとセッションで一発やるからよろしく！』って出て行ったんだよね。でも何やるかなんて決めてなくて、マイクを振り回してPAを落としてとかやりまくってたら、それがみんなに伝播しちゃって、PAを担ぎ始めるやつもいればPAに殴りかかるやつも出てきてひどいことになって、本当に暴動になっちゃったんだよ」

しかし、事件はそれだけではなかった。

ジュネ「その後、企画者側のやつらが、俺の事務所のインナーディレクツにゲバ棒を持って来たらしいんだよね。でも音楽やってる左翼だから、なかなかゲバ棒を振り下ろすことはできなかったみたいなんだよね。でも本当にみんな鉄パイプとか持って来たらしいんだよ。それで『謝りに来い』っていう話になったんだけど、やっぱ怖いじゃん。それでマサミに『俺ひとりじゃちょっと怖いから、ついてきて』って頼んだんだよね」

当時の法政大学の学館は、隣の建物のエレベーターで他の階に行くと、バリケードで入れない階もあり、警察も介入することのできない左翼組織のアジト的な役割も果たしていた。

ジュネ「それでナイフだとか何だとか、いろんな武器をいっぱい持ってマサミとふたりで行ったんだよ。向こうの人間がいっぱいいるところで話をして『ああ? じゃあ何? 謝罪文を出せばいいの? 何? 金? 払えばいいんだな?』となったんだけど、結局は1円も取られなくて、謝罪文も『DOLL』に出したんだけど、読んだやつから『ジュネ、謝ってないじゃん』って言われた（笑）」

学生運動から続く左翼闘争の中心的な部分を担っていたと思われる法政大学の学館大ホールで暴れ、その企画者側のアジトにふたりで乗り込むというのもすさまじい話だが、友人の困っているところを放っておけないマサミという人間がよく出ている話である。

ジュネ「そのときのマサミの名言があってさ、『ジュネさ、俺もいっぱい人に迷惑かけてるよ? でも、俺に迷惑かけるのジュネだけだよ』って（笑）。それは俺にとっちゃマサミの遺言だね」

そして、法政大学学館大ホールでの「東京バトルDAYS」は同年の9月29日、30日に、「東京バトルDAYS2」として再び行われ、GHOULが演奏した日のトリに出演した、あのバンドのときに事件が起こる。

あのバンドの演奏が始まって少しすると、LIP CREAMのジャジャが消火器を撒いたためにたくさんいた客がいなくなり、ステージ前にはマサミやBEAR BOMBとトラッシュ連など、一部の人間だけが残っていた。そして、その後の演奏中もステージ前の客席はまばらなままで、ボーカルがステージを降りて客席でパフォーマンスをしていたところ、あるモヒカンの若者がステージに置いてあったマイクを取り、2回ほど叫んだか何かをしたあと「ボン」とマイクを投げた。するとそれを見ていたステージ前のフロアにいたマサミが、その若者に襲いかかった。モヒカンの若者が持っていた三段式警棒を奪い血みどろの惨劇が起き、頭を15針ほど縫う大怪我になる。観客たちは逃げまどい、筆者の友人の知り合いは、飯田橋の駅まで逃げた客もいたというほど恐ろしい惨劇が繰り広げられた。

法政大学では何かの事件が起きることが多かったが、こうした大きなイベントにも呼ばれ、GHOULは東京でもシーンの中心的役割を果たすようになっていった。

そして、GHOULは、関西で初めてのライブを84年7月22日に京都アビエックスで行うこととなる。筆者は昔、この日の動画を見せてもらったことがあるのだが、そこにはなぜかTHE TRASHのマーチンが頻繁に映っていた。東京にいるはずのマーチンが、なぜGHOULの京都でのライブにいたのだろうか。

マーチン「前の日に屋根裏でライブをやってたんだよ。それでマサミが『東京駅まで来て』って言うから送って行ったんだけど、発車ベルが鳴ったらマサミに手をつかまれて引きずり込まれて無賃乗車で一緒に行くことになっちゃって（笑）。鈍行の夜行列車の中でもずーっと飲んでるから、京都に着いて『酔いを覚まそうか』なんて川に行ったんだけど、結局、酒飲んでて。そういうとこに行くとマサミはすぐ入りたがるじゃん。そんで泳いじゃったりしてね（笑）」

この京都でのGHOULの初ライブのときが、当時、コンチネンタル・キッズのギターだったシノヤンと、スペルマのギターで、現THE TRASHのマーボーもマサミとの初対面だったという。

マーボー「『マサミさんはすごい！』いうんを聞いてたから、俺もシノヤンと行ったんやけどね」

シノヤン「俺がマサミと初めて会ったのは、京都の今はもうないホールがあって『東京のハードコアが来るから来なよ』みたいな感じになって観に行ったんだよね。昼からやってるイベントで、ちょっと遅れて歩いて行ったら、ホールの前にパンクのファッションをした人がいっぱいいて、なんか騒ぎになってて」

この日の出演は、ネコ、ノイローゼ、T.C.M、BONES、MOBS、ステートチルドレン、ソドム、ZOUO、COBRA、GHOUL（出演順）というもので、錚々たるメンツのトリをGHOULが飾っている。

シノヤン「それで『何してんだろうな？』って近づいて行ったら、痩せた赤いモヒカンの人が、渋滞にハマって動かなくなってる救急車をムチで『コノヤロウ！』とか言いながら叩いてたの（笑）。俺はそれまで東京のハードコアをGAUZEぐらいしか知らなくて、あんまり交流もなかったから『なんかすごい人いるな』って（笑）」

マーボー「そうそう。ムチでな（笑）。誰が持ってってたんかわからんけど、花火も持ってたんよ。それをもうマサミさんが、ここぞとばかりに車とか通行人に打ちまくったりもしてて（笑）」

法政大学学館大ホールでの「東京バトルDAYS」のフライヤー

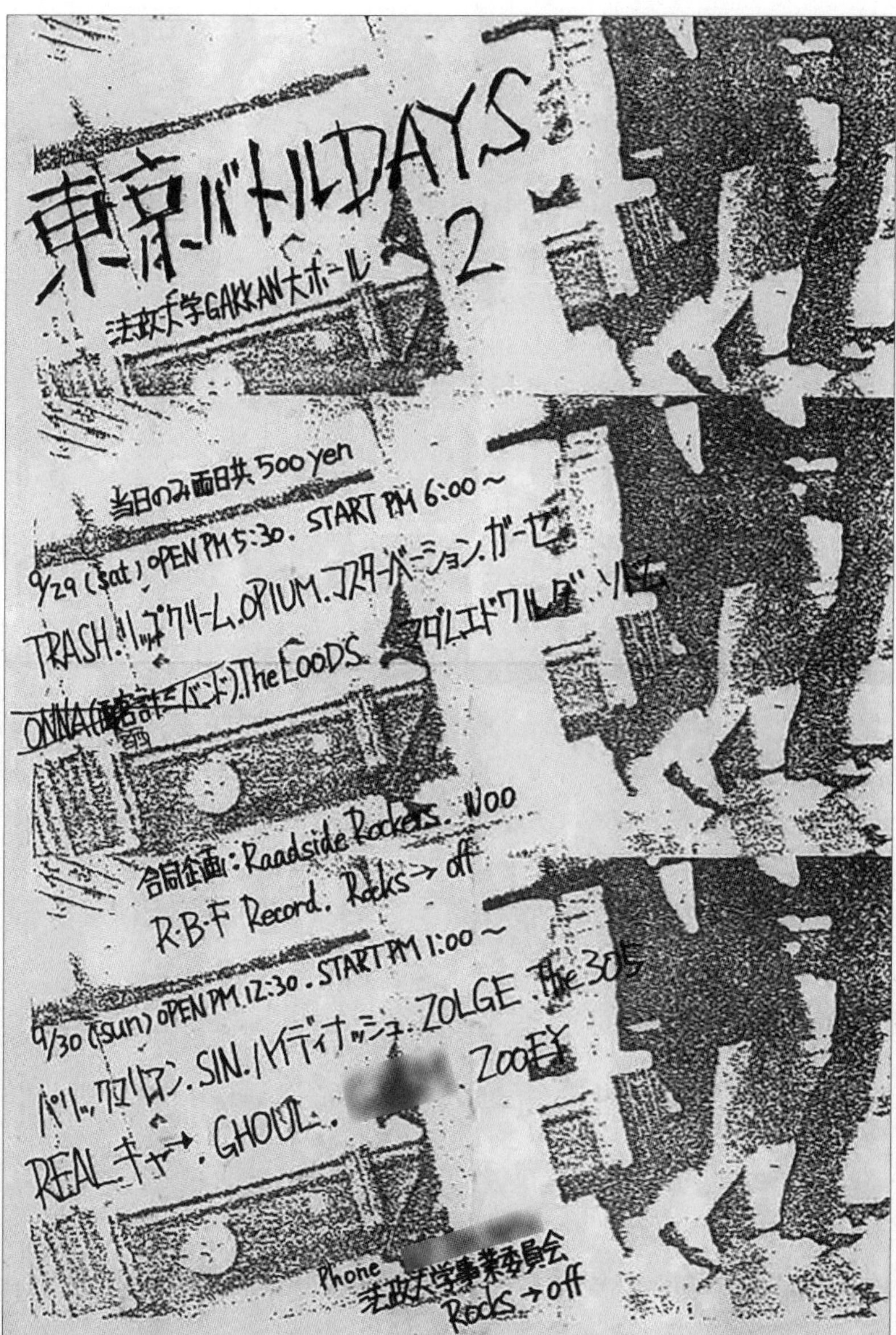

法政大学学館大ホールでの「東京バトルDAYS2」のフライヤー原板と思われる

アビエックスがあった場所は、京都の五条通りという片側4車線の大きな通りで、日曜日の昼間からのイベントだったために車も多く渋滞していたという。

マーボー「普通に道走って来た通りがかりの救急車やで? それにいきなり反応して、ムチで叩きながら後ろから追いかけて行って。ライブ前やで?（笑）。こっち高校生やのに、もうそんな無理やろ（笑）」

いきなりの衝撃的な出会いにふたりは度肝を抜かれたと言う。そしてマサミだけではなく、この日はマーチンもかなりの衝撃を関西の観客に与えたようだ。トラッシュ連の関西初進出とも言える日なのではないだろうか。

マーボー「俺らはもちろんGHOULを観に行ったんやけど、こっちの人はマーチンなんか知らんやんか。ほんで上半身裸でサスペンダーした坊主の男が、レッドってウイスキーのでっかい瓶のやつをずーっとグビグビとラッパ飲みして、関係ないのに全員のライブに勝手に出てくるんよ。さすがにZOUOのときはいなかったかもしれんけど、イメージとしてそんな感じやね。特にGHOULのときは、マサミさんとマーチンのダブルボーカルみたいな感じで、もうパフォーマンスがエグすぎて。今のマーチンからは想像できんぐらい殺気があって、めちゃめちゃ怖かったんよ。あと、暴れ方が何か関西の感じと違ってんなぁ。陽気なバイオレンスなんやけど、ちょっと度が過ぎてるっちゅうか、ニコニコしながら破壊力はめちゃくちゃ誰よりもあるっていう。ほんでクマさんは何回もベースを投げては取りに行って、また戻って来てまた投げて、また戻ってってって（笑）」

BEAR BOMB「あの京都のときはグッチャグチャだったよな。俺なんか肩車されてベースを投げてさ（笑）」

マックス「周りは暴れる人ばっかりだったでしょ？　俺なんか借りてきた猫状態。マサミさんが暴れるとクマさんも暴れて、そういうときは大変でグチャグチャになるんだよね」

マーチン「アビエックスって倉庫みたいなところなんだけど、最後はロケット花火をバンバンやっててさ（笑）」

マーボー「ほんで俺はもう、あまりの怖さにアビエックスの屋根裏っちゅうか照明部屋みたいなところに避難して、匍匐前進みたいなかっこで安全な場所から観てたんやけどな。だってもう現場は血の海と化してたからね。実際に誰かがボコられてとかじゃなかったと思うけど、そういう雰囲気よね。マサミさんは明るい雰囲気なんやけど、もう怖さっちゅうか迫力がすごかったよ。プラスマーチンで倍増みたいな。まぁなんせサービス精神がすごいからねマサミさん。ただちょっとバイオレンスが、サービス精神が過ぎるなぁと思って（笑）」

　関西の錚々たるメンツのいるところで、ここまでの暴れっぷりでは、揉め事が起きてもおかしくなさそうなものであるが、この日に何かが起きるようなことはなかったという。

マーボー「意外とシノヤンがああいう感じやから、マサミさんもいきなり和み出したんよな。だから逆に『めちゃくちゃやな』とも思った。めちゃくちゃフレンドリーなのに、やってることが車に花火を打ったりとか、救急車をムチでシバイて追い回したりとかやから、『なんでかな？』と俺は子供心に思うたよ（笑）。まさに衝動やな。パンクの初期衝動でしかないわあれ。説明できん（笑）。人間の持ってる原始的な初期衝動やなあれは（笑）」

シノヤン「会場の中に入ってから、マサミと一緒に飲んだら割と気が合って、そっから京都に来たらいつも俺のうちに泊まるようになったんよね」

錚々たる出演者のアビエックスでのライブだったが、その日はGHOULによって、今までの関西にはなかった一種異様な雰囲気が作り出されていたという。

マーボー「ソドムも出とって、確か初京都で名前も結構有名やったと思うんやけど、全然盛り上がらんかったイメージがあるな。GHOULに全部持ってかれてたわ。もう40年前になるけど、その日の全記憶がGHOULしかないわ（笑）。マサミさんのトロージャンのピンク色とか、マーチンのブリーチしたジーンズとか、いまだにカラーで覚えてるもん（笑）」

シノヤン「なんせマサミ先生は救急車をムチで叩いてたと（笑）。それで後で喋ったら手がないじゃん？『あれ？手がないよ』って思って、それで手に鍵爪みたいなのをつけてたんよ。そんな漫画でしか見たことないような人がいるから、びっくりしたもん。『本当にこんな人が世の中にいるんだ』って（笑）、っていうのが最初の思い出やねぇ」

こうして関西にも衝撃を与えたGHOULだが、この84年という年には、他にも様々な事件が起きている。渋谷屋根裏で起きた事件で、渋谷センター街が暴動寸前になったのも、この84年という年だった。

渋谷センター街騒乱

#20

昭和59年（1984）にGHOULを結成したマサミは、東京のハードコアパンクシーンの中心となり、関西へのツアーに行くなどもして、その名が日本全国のシーンへと浸透し始める。

当時の東京ハードコアパンクシーンは、毎月、何度かハードコアパンクのライブが何かしら行われており、鹿鳴館や他の場所でも行われることはあったが、基本的には渋谷屋根裏を中心にライブが行われていた。そうした屋根裏のハードコアパンクのライブのほとんどに出演していたのがGHOULであり、出演していないときでも、マサミとトラッシュ連、BEAR BOMBなどはライブになると必ずいるシーンの中心人物たちであった。

そして、恐らくではあるが、84年6月から8月頃の間に屋根裏で行われたライブで、渋谷センター街が暴動寸前にまでなった事件が起きる。その日にGHOULやTHE TRASHが出演していた可能性が高いが、出演していなかったとしても、当然のようにみんなは屋根裏に集まっていた。

マサミの叔母が語っていたように、まだ地元にいる頃にバイクに乗っていたマサミは、東京に出て来てからも、ライブハウスなどで知り合いがバイクに乗っているのを見かけると、それを借りて運転していたのを筆者はよく見たことがある。鹿鳴館の前や原宿ホコ天の「ロードサイドロッカーズ」などでもマサミがバイクを運転しているのを見たことがあるのだが、無い方の手で器用にアクセルを回しながら運転していたのを覚えている。そして、その日の屋根裏でも、当時、免許を取ってバイクを買ったばかりの女性ミサが、バイクでライブを観に来ていた。

ミサ「私が84年に免許を取って、バイクでライブに行ったんだよね。それでバイクを当時はDEAD COPSのドラムだったレッドに貸したと思うんだけど。初めはレッドがバイクを持ち出して来て、マサミは後ろで立ってたような気がする」

タツ「その頃は毎回のように何かあって、屋根裏にオマワリが来るなんて普通にあったじゃん？　それで俺の中の記憶では、立て続けに大きな騒ぎがあった時期で、その中のひとつだったと思うんだよね」

BEAR BOMB「運転してたのはマサミじゃねぇの？　確かじゃないけど、マサミが運転してたような気がするなぁ。俺はずっとマサミだと思ってたんだよな（笑）」

ミサ「センター街は確か車両進入禁止か何かだったと思うから、そこにバイクで入ったから大騒ぎになったと思ってたんだけど。マサミは運転してなかったんじゃないかなぁ」

BEAR BOMB「渋谷で喧嘩とかもしてたからさ。もう全然覚えてない。極真のやつと喧嘩したこともあるけど、毎日が大騒ぎみたいなもんだったからなぁ。当時のことをよく覚えてねぇんだよ（笑）」

ただの喧嘩や揉め事ならば、そこまでの大騒ぎになることはない。いったいこの日に何があったのだろうか？　そこで事件の当事者である元DEAD COPSのレッドに話を聞いてみた。

レッド「俺はそのとき原付しか免許を持っていないとかだったと思うんだけど、その時期にちょうど『マッドマックス』が流行ってたと思うんだよね。それで『マッドマックスかっこいい』みたいな時代だったから、それでバイクをミサに借りたんだよ。それで俺がそのバイクに乗って走ろうとしたときにマサミさんが来て、『なんか楽しそうなことやってんな？　どっかいくの？』みたいな感じで、上半身素っ裸でトロージャンのマサミさんが後ろに乗っかって来たんだよ」

二人乗りのバイクで、それも上半身裸のトロージャンを後ろに乗せて、夜の渋谷センター街を走る。それほど当時の屋根裏があったセンター街は、ハードコアパンクのライブのときには治外法権的な匂いが充満していた。しかし、当時の屋根裏であれば、何かしら騒ぎがあってもいつものことなのだが、この日だけは様子が違っていた。

レッド「マサミさんを乗せて蛇行運転しながらセンター街に入って行ったら、風紀か何かの私服の刑事がいたんだよ。頭のおかしいやつがバイクで入ってきて、後ろには上半身素っ裸のトロージャンで片手がねぇやつが『おらぁ〜』とか言ってて（笑）。もうマッドマックスみたいになっちゃってるから、速攻で刑事が俺の前に現れてハンドルを両手で握られて『テメェ何やってんだ、この野郎』みたいなことを言われたと思うんだよ。それで速攻で屋根裏に逃げ帰って『やべぇミサ！　刑事にバイクを取られた』って言ったら、『何やってんのよー！　マサミさんは？』って言われて『あ！　そういえばマサミさん！』みたいになって」

その日、その場にいたカツタとマリコ、バイクの持ち主であるミサやGASTUNKのタツに話を聞いてみると、レッドが屋根裏に逃げ込んだ後、外ではとんでもない事件になっていたようだ。ことの発端はレッドがバイクを運転して後ろにマサミを乗せていたのだが、かなりの騒ぎになったために、話が錯綜していたことがカツタの話でもわかる。

カツタ「俺たちが何人かでセンター街にいたら、マサミさんがバイクに乗って人をはねたって聞いて、すぐ近くだったから見に行ったんだよ。そしたら『センター街を良くする会』みたいなプラカード持ったやつをはねたって聞いて、洒落がきいてんなって（笑）」

どちらにせよ、渋谷センター街という東京有数の繁華街のど真ん中で、それも歩行者専用道路と思われる、車やバイクがほとんど通らない商店街での人身事故である。当然のように警察がやってくることとなるのだが……。

レッド「俺はそのまま屋根裏に戻ったんだけど『やばい、マサミさんが連れて行かれちゃったんじゃねぇか?』みたいな感じになって、それで俺はたぶんライブも終わってるし『ヤバイから逃げる』みたいな感じになったんじゃないのかな?」

しかしその頃、屋根裏の外ではとんでもない事態に発展していた。

カツタ「それでパトカーが来たんだけど、そのパトカーにヒロマツ君がわざとぶつかってはねられたんだよ(笑)。パトカーはすんごい徐行だよ? それにぶつかって、痛くもねぇのに膝抱えて『いってぇ~! いってぇ~!』って大騒ぎし始めたんだよ(笑)。それで警察にも『大丈夫か?』とか言われながら、何分もずっと地面をゴロゴロ転げ回ってた気がする(笑)」

マリコ「最初のパトカーが来たときに、マーチンさんかヒロマツ君が『パトカーに靴を踏まれた』って言い始めたのよね。私は見てたんだけど、ほぼ踏まれてなかった(笑)」

そして、何台ものパトカーが渋谷センター街に集まって来ることとなるのだが、何人もパトカーに足を踏まれた人間がおり、警察と屋根裏に集まったパンクスたちで辺りは騒然となった。

ミサ「私はパトカーに足踏まれたよ。安全靴系だったからなんともなかったけど。それでわざと大騒ぎしたんだよね（笑）。私以外にもなんやかんや難癖つけて騒いでたと思うけど（笑）」

タツ「屋根裏の外で何かが起こって、マサミさんがバイクでどうこうっていう状態があったんだけど、それで屋根裏の外に降りて行ったら、パトカーに足を踏まれたのよ」

マリコ「屋根裏の中からもぞろぞろ出てきてたから、パンクスだけでも結構いたよ（笑）。それでそこかしこでみんなパトカー囲んで文句を言ったり蹴ったりしてたから、警察が車から出られない感じだった（笑）」

タツ「パトカーが何台か来たね。それで俺が足を踏まれてそのオマワリに絡んで、宇田川町の交番まで行って、ずーっとひとりで闘ってた（笑）。俺はそんなにイケイケでもないからさ。でも俺もオマワリとはいろいろあるから個人的にそのときはブチ切れたけど、俺がハードコアのライブでブチ切れたのってそのときぐらいじゃねぇかな？」

集まったパトカーに絡むパンクスたち。そして事件はさらに大きくなる。

カツタ「ヒロマツ君が『パトカーに当たった』とか言って大騒ぎして、救急車を呼んだんだよ。それで救急車が来たら、それを見たヒロシさんとかが、あのチェーンで『バチーン！　バチーン！』って叩いて壊し始めたんだよ（笑）。ヒロマツ君を乗せるためにきた救急車だよ？（笑）」

そして、事件の中心であるマサミは、バイクと共に警察に取り囲まれる。しかし、マサミはその事件を楽しむかの

GHOUL企画でLIP CREAMがデビューしたライブのフライヤー

ごとく、警察をあしらう。

カッタ「救急車を壊してるその横では、マサミさんがバイクに跨がって無い方の右手を出して『俺これだよ? どうやって運転すんだよ?』とかオマワリにすげぇ偉そうに喋ってたからね(笑)」

マリコ「マサミさんのポリさんへの最初の一言『この手でどうやってバイク乗るんだよ』は間近で聞いた(笑)。みんな大騒ぎしたのも、マサミさんを守るためよね」

カッタ「オマワリが何人かいたんだけど、もう嫌になってたもん(笑)。たくさんパンクスはいたけど、暴れてたのは5、6人もいない(笑)。救急車が来て後ろのドアを開けたら、ヒロシさんが『バチーン! バチーン!』ってやってたから(笑)。あんなのひどすぎる(笑)」

5、6人もいないと言うことは、マサミとTHE TRASHのメンバーのうち、ヒロシ、マーチン、ヒロマツは確実にそこにいたので、要するにトラッシュ連である。そして、センター街では何台かのパトカーと救急車が駆けつけたが、救急車は壊され、パトカーを囲んだパンクスたちは、ついにパトカーにも手を出し始める。

マリコ「最後の方にはパトカーが4、5台来て、その中の1台を持ち上げるのに参加したわよ。夢中だったから他のパトカーはわからないけど、私たちで持ち上げたパトカーは、横向きでウィリーしたぐらいには傾いてたよ(笑)。パトカーの別の1台は、現場に来たんだけど、そのまま停まらずに警官も降りずに、センター街を横断していっただけだったよ(笑)」

ここまでの大騒ぎとなり、パトカーが数台駆けつける事態になれば、当然、警察に連行されることとなるのだが、なぜかマサミは逮捕されずに帰って来る。

カツタ「マサミさんは警察署に行ってすぐ帰って来たよ。とにかく人が集まりすぎて救急車も壊してるし、オマワリも観念してバイクだけ移動して15分ぐらいで帰って来たかな？（笑）」

ミサ「バイクが私のだし、みんなで渋谷警察署に行ったんだけど、マル暴の刑事に説教された（笑）」

しかし、これだけの騒ぎになっているなら、現在であれば到底すぐに警察署から帰ることはできない上に、逮捕者の数も相当なものになると思われる。恐らくではあるが、事件の発端を発見したのが私服刑事であり、運転していたのがマサミではないことをわかっていたために帰されたのではないかと思うが、マサミは警察でもレッドのことは何も話さなかったのだろう。

レッド「今考えたらバイクも全部捨てて逃げてきてるんで、何か言われてもおかしくないところだけど、それについてマサミさんから『テメェ逃げただろう！』みたいなことを言われた記憶は無いし、マサミさんは結局すぐに帰ってきたんだよね。それで『よかったよかった』みたいな感じになったと思う」

これ以外にも、マサミはよく警察沙汰になりながらすぐに帰されることが多かったようなのだが、その話は後述するとして、この事件の中心人物であったトラッシュ連のふたりであるヒロシとマーチンにも、事件のことを聞いてみた。

マーチン「全く覚えてない（笑）。たぶんみんなベロベロだったもん（笑）。今聞いて『ああ、俺もいたんだ』みたいな気分（笑）」

ヒロシ「記憶にねぇな。知らん（笑）」

マーチン「いやー当事者は覚えてない（笑）。全くみんな記憶ない（笑）」

これだけの騒ぎになり、その日、その場にいた誰もが記憶に残る大きな事件であるにも関わらず、騒ぎの中心である当の本人たちが全く覚えていないというのは、どうしても笑いを堪えきれない。これがトラッシュ連と言えばそれまでなのだが、この日は特に大きな事件となってしまっただけで、当時の東京ハードコアパンクのライブでは、こうしたことは常に起きていたような気がする。

レッド「マサミさんは決して暴力的な人ではなかったんだよね。俺らもいじめられたとかないし、イヤな線を越えてこないんだよ、あの人って。だからクレイジーなことをやってるのは、人生を全うしてるっていうか、『俺はパンクスで生きてるから』っていうのが誰よりも出てたよね。結構、背負ってたもんね。あの時代であそこまでやりきれてる人って、マサミさんがほんとにオリジナルだろうなって思うよ」

バイクと共に取り残されたマサミが、運転していたレッドを庇い、警察に対して名前も何も出さなかったのは当然のことであるのだが、警察から戻ってきても、レッドに対して何も言わないマサミという人間の大きさもよくわかる事件である。マサミとはそういう男であり、その侠気は幼少の頃から変わらないことは、この物語の読者であれば嫌というほど理解できるだろう。センター街を良くする会の人間をはねていた方が、話としては面白く、洒落もきいていて茶目っ気たっぷりのマサミがありありと想像できたのだが、事実とは少し違ったようだ。

こうしてマサミは東京ハードコアの中心人物となっていたのだが、GHOUL結成時からの盟友であるBEAR BOMBが脱退することになってしまう。それが昭和60年（1985）3月のことだった。

#21 BEAR BOMB脱退

GHOULとして順調に活動していたマサミだったが、盟友でありGHOULに欠かせない存在であるベースのBEAR BOMBが脱退することになってしまう。THE TRASHをクビになった後のマサミが、バンドをやるためには欠かせない人物であり、家も近所だったために常に一緒に行動していたのがBEAR BOMBだった。マサミとBEAR BOMBはGHOULという音楽活動以前に、日常的に生き様がパンクスであった。筆者は個人的に、そういったパンクスの生き様が現れたバンドがGHOULであり、その存在感のすごさが観客にも伝わっていたと思う。

GHOUL初期の、BEAR BOMBと一緒に活動していた時期の話には数多の逸話がある。そしてBEAR BOMBがGHOULを脱退する直前の時期には、鉄アレイのボーカルＲＹＯがBEAR BOMBと同じアパートの別室に住むようになり、マサミと行動を共にすることが多くなっていく。

当時、筆者が原宿に遊びに行ったときには、いつもマサミとBEAR BOMBがいて、ライブ以外の日常でも本物のパンクスに触れられる場所だった。まだホコ天もある時代で、観光客の若者で溢れる原宿で、マサミとBEAR BOMBはかなり目立つ存在であった。

BEAR BOMB「毎週末にはいつも、朝起きて髪立てて原宿へ行って、テント村とかホコ天でブラブラしてたな。それから原宿のラフォーレの反対側のセントラルアパートにセントラルパークってのがあってさ、地下にデッドエンドとか東倫とかが入ってたとこで、その地下のことは原宿プラザって言ってたな。あそこにバーみたいな喫茶店みたいな店があって、そこに行って飲んでたよ」

原宿の街を闊歩する派手なトロージャンのふたりを見かけるたび、「ここはロンドンか？」と、日本ではないような感覚になったのを今でも覚えている。

BEAR BOMB「そのバーみたいな喫茶店に、ローラーとかみんなで行ってさ。原宿だしローラーがいっぱいいたからさ、ローラーとパンクスふたりって感じでよく行ってたな。その店の隣にエアロビクスのスタジオがあってさ。そこで俺らとローラーとかで見たり騒いだりいろいろしてたら出入り禁止になっちゃってさ（笑）」

原宿のど真ん中にあるビルのエアロビクスのスタジオに来る客層であれば、パンクスやローラーとは無縁だろう。そんなところに革ジャンにリーゼントやトロージャンがいたら、エアロビクスどころではないのは非常によくわかる。

BEAR BOMB「あとはサムライのやつかライダースのやつが働いてた店にもマサミとよく行ってたよ」

恐らく原宿と渋谷にあったパンクショップのラ・モスカだろう。当時の原宿には他にもスマッシュやアストアロボットなど、様々なパンクショップがあった。

BEAR BOMB「俺んちは近いから、スマッシュまでスリッパで行ってたもんな（笑）」

原宿での有名度は、後にBEAR BOMBと同じアパートに住んだ鉄アレイのＲＹＯの話でもよくわかる。

ＲＹＯ「住んでたのが竹下通りの向こうだったから、マサミさんとふたりで竹下通りを歩いて帰ってたことがあるんだよ。そうすると店の外に立ってる人とかいるじゃない？ 全員がマサミさんに挨拶するんだよ。歩いてて気がつけば

『こんちわっす！』って。『嘘だろ？　全員挨拶してんだけど』とか思ってさ（笑）。その日はマサミさんちに行って飲もうってことになって、コンビニで買い出しだってなったら、コンビニの店員が『ちわっす！』って（笑）。『げっ！　全員知ってるわ』って（笑）。

筆者もマサミと知り合いになってから、竹下通りに溜まっていたら、赤いスウェットパンツにビーサン、白いタンクトップというほとんど部屋着のような出で立ちで竹下通りを闊歩するマサミと会ったことがあるのだが、当時の混雑極まりないあの竹下通りの人混みが、モーセの十戒のごとく割れて、マサミの前には道ができていた。マサミが、彼を知らない、見たこともない一般人にも伝わるオーラを放つ人間だったことがわかってもらえるだろうか。

そして原宿以外でも、マサミとBEAR BOMBはいつも一緒に行動していた。昭和59年（1984）の後楽園ホールで行われたザ・スターリンのライブに、マサミとBEAR BOMBが一緒に行っている。

BEAR BOMB「マックスと全然連絡がとれなくなってさ。そしたら後楽園ホールでやってるザ・スターリンのスタッフをやってるとか言ってるから、後楽園ホールにマサミとふたりで乗り込んで行って『マックスどこだ！』とか言いながら入り口を破壊して入って（笑）」

生前のマックス本人にこのときの話を聞いたことがある。本当にザ・スターリンのスタッフをやっていたのだろうか？

マックス「うーん、なんかバイトみたいなの」

「バイト」と言うが、メンバーとも連絡をとらず、恐らくスタジオ練習をするはずだったところを、よりによってザ・ス

ターリンのライブのバイトという事実は、それだけで事態が収まるはずがなかった

BEAR BOMB「マックスを探してたんだけど、そのうちに『ミチロウ出てこい』になっちゃって。でもマックスもミチロウも出てこねぇし、それでごちゃごちゃになって終わったんじゃねぇかなぁ。ライブやってるときには後楽園ホールの中にいなかったから」

当日、ライブに行っていたカツタに話を聞いてみたのだが、マックスもミチロウも、出て来なかったのは正解だったようだ。

カツタ「ふたりが入口を壊して中に入って、しばらくしたら出てきたんだけど、でっかい灰皿を蹴って、それが俺たちの座ってる場所に向かって吹っ飛んできたよ（笑）。帰るときには黄色いビルの通路から下にチャリンコを投げてたし（笑）」

この後楽園ホールから水道橋の駅に向かう通路は、高架の歩道橋のようになっており、下には現在の東京ドームシティの敷地内の部分と、都内の幹線道路である外堀通りが走っている。マックスもミチロウも出て来ずに、ふたりがイライラを募らせた結果だと思われるが、灰皿と自転車がミチロウとマックスだったら……というのは筆者の考えすぎだろうか？

後楽園ホールといえば、翌年の昭和60年（１９８５）のアインシュテュルツェンデ・ノイバウテンの来日公演にもマサミが来ていたというのだが、そこではマサミには何か後楽園ホールと因縁でもあるのかと思えてしまう登場だったという。

ＲＹＯ「ノイバウテンの後楽園ホールを観に行ったんだけど、中にいたら入口の方がなんかワーワーいって騒がしいんだよ。何か揉めてるらしくて『何かな？』と思ってたら、南側の一番客席数が多い方の出入り口があるじゃん？　あそこからドパーン！ってマサミさん登場（笑）。そのとき、たぶん坂本龍一だと思うんだけど、客でいて、別に坂本龍一と何かあったわけじゃないんだけどさ、マサミさんと坂本龍一の構図が笑った（笑）」

マサミがノイバウテンを観に行くというのも驚いたが、ひょっとしたらその日、一番目立ったのはノイバウテンでもなく坂本龍一でもなくマサミだったかもしれない。

GHOULとしては、結成してからBEAR BOMBが脱退するまで2枚のレコード、『HOLD UP OMNIBUS』と、ファースト7インチシングル『CARRY OUT FUCKING』を発表し、活動も順調だった。『HOLD UP OMNIBUS』には2曲で参加しているのだが、その録音方法は非常に簡単なものだったようだ。

BEAR BOMB「あれなんかオリジアって練習スタジオでさ、カセットデッキっていうかカセットレコーダー？　それを置いてガチャッてやって、それでレコーディングして、それがレコードになったんだよな（笑）」

その後の7インチ『CARRY OUT FUCKING』のときには、ちゃんとしたレコーディングスタジオで録音したが、最初のギターであるタツの楽曲も録音したという。

タツ「あのレコードには俺の曲が、たぶん3曲のうち2曲入ってる。速い曲のうちの2曲が俺の曲だと思うんだよね。でも俺はレコーディングした記憶がないから、レコーディングはやってないと思う」

このレコーディングのギターはマックスで行われた。THE TRASHでは、マサミがスタジオに来ないためにクビになってしまったが、GHOULではスタジオには来ていたようである。過去の反省を踏まえたとも取れる行動をバンドに対して行なっていたマサミだが、BEAR BOMBはこの頃からGHOUL脱退を考えていたという。

BEAR BOMB「近所だから俺が仕事が終わってマサミんちに迎えに行って、そのままバスで大久保に行くようになってたから、マサミはスタジオには来てたよ。でも7インチのレコーディングの頃からやめようと思ってたんだよな」

BEAR BOMBが脱退を考えた理由としては、マサミの歌に歌詞がないことが大きかったようだ。しかし現在FINAL BOMBSのベース・ボーカルとして活動するBEAR BOMBは、今だからこそ感じる思いも話してくれた。

BEAR BOMB「辞めるときには、すんなり辞められたんだよな。引き止められたりとかもなかったと思う。でも今思えば、詞を書くのも大変だなって思うよ」

そしてBEAR BOMBはGHOULを脱退してしまう。脱退するからといって揉めるわけでもなかったようだが、マサミの思いはどのようなものだったのだろうか。それまで日常を共にしてきたBEAR BOMBの脱退は、仲間思いのマサミにとっては寂しい気持ちがあったに違いない。それでも快く送り出すマサミの気持ちは、バンドをやっている人間ならば理解できるのではないだろうか。「去る者は追わず」こうした行動にも、マサミの侠気が溢れているように感じるのは筆者だけではないはずだ。

しかし、脱退前にBEAR BOMBが作り、残されたGHOULに置いていった楽曲があった。マサミといえばこの曲を思い出す人間は多いだろう。GHOULのソノシートとして発売された「Oi! Oi!」である。この「Oi! Oi!」を置き土産として、ソノシートのレコーディングには参加せず、BEAR BOMBは脱退する。そしてこの「Oi! Oi!」は、その後のGHOULだけではなく、ソロ活動やBAD LOTSなどのGHOUL以降にマサミが活動したバンドの代表曲となっていく名曲となる。

BEAR BOMB「ああ、そうなんだ。それは良かった。GHOULを辞めた後もずーっと仲良かったからな。その後、俺は結婚して子どもができて、実家に帰ったからわかんねぇけどさ。原宿に住んでた5年間は楽しかったよ」

こうしてGHOULは新たなメンバーで活動することとなるのだが、新生GHOULは日本のハードコアパンクバンドで最初の連続した長期日本ツアーを行う。それが１９８５年のことだった。

BEAR BOMBが脱退したライブのフライヤー

極悪ツアー

#22

マサミの盟友であるBEAR BOMBが抜けてしまったGHOULだったが、活動が止まることはなかった。BEAR BOMBの置き土産である楽曲「Oi! Oi!」もソノシートとして発売され、GHOULの人気は不動のものになっていく。このソノシートのレコーディングはベースが不在のために、ギターのマックスがベースを弾いてレコーディングされたようだ。あのロックンロールのベースラインはマックスが考えたもののようで、この曲によってGHOULの新たな一面も垣間見えた時期ではないだろうか。

筆者がマサミの家に遊びに行ったときには、外道の「ビュンビュン」のシングルを聴かせてくれたりしたことがあり、この時期のTHE TRASHのライブのときには必ずステージ横にマサミがいて楽しんでいたところを見ても、THE TRASHがロックンロールを基調としたサウンドであるように、マサミの音楽的な好みは「Oi! Oi!」のようなロックンロール的な曲だったのではないかと思える。

そして、GHOULは新たなベーシストとしてゴーストを迎え、活動は益々盛んになっていく。

テツ「あの頃、マンタスってUNITEDのやつがマックスんちに居候しとったんよ。それでメタル方面と繋がりができて、そっからマックスがゴーストを連れて来たんよ」

BEAR BOMB在籍時にはマックスとBEAR BOMBで曲を作っていたようで、ハードコアを基本としたサウンドであったが、ゴースト加入によりメタル色の強いサウンドへと変化していく。フィンガリングでベースを弾くゴーストは、ルックスも長髪でいかにもメタルのお兄さんという感じだったが、観ていてサウンド面での影響も大きかったように思う。

そして、GHOULはセカンドシングル「JERUSALM」を発売する。

テツ「ゴーストが入ってから曲調も変わって、ドラムも『ツーバスがええんよ』とか言われたから『そんならツーバス踏むよ』ってツーバスにしたんよ（笑）」

テツのドラムもツーバスになり、メタル色が強くなっていくGHOULだったが「Oi! Oi!」は必ずライブでやっている代表曲となっており、東京でのGHOULのライブはほとんど観に行っていた筆者も、かなり盛り上がって暴れていたのを覚えている。

テツ「あの曲はGHOULのときでもお客さん盛り上がっとったよ」

こうして東京ハードコア界になくてはならない存在となった GHOULであったが、セカンドシングル「JERUSALM」の発売と同時期に、関西ハードコアの雄であるMOBSが新たなメンバーを迎え復活し、セカンドシングル「PROJECTION OF ASTRAL BODY」を、GHOULのマックス運営のレーベルであるHOLD UP RECORDSから発売した。

それによってMOBSが東京でライブを頻繁に行うようになり、筆者もこの時期に鹿鳴館で初めてMOBSを体験することになる。MOBSのステージはのっけからすさまじいバイオレンスの嵐で、関西シーンを知らない東京の観客を恐怖のどん底へ叩き落とした。その当時の話を現在もM.O.B.Sで活動するギターの山根に聞いてみた。

山根「鹿鳴館はMOBSの単独のツアーで、ブッキングで混ぜてもらって。元々ケンジとマサミさんが仲良かった部分もあって、東京行ったらGHOULと一緒にブッキング組ましてもらってましたね」

復活した関西ハードコアの雄であるMOBSと、マサミ率いるGHOULという日本を代表するハードコアバンドの交流によって行われた全国ツアーが、その後、ハードコアパンクバンドが長期的なツアーを行う礎となる。その名も「極悪ツアー」。

「極悪ツアー」は、昭和60年（1985）11月22日から12月6日までを、大阪、広島、愛媛、岡山、京都、兵庫、滋賀、浜松、群馬、埼玉、東京の合計11カ所を回った日本ハードコアバンド初の長期ツアーであり、これを最初として、その後、日本のハードコアバンドは全国ツアーを行うようになっていく。

しかし、当時のマサミとMOBSには暴力的な噂が全国にあり、極悪ツアーというツアータイトルと、マサミとケンジという日本ハードコア界二大巨頭とも言える存在のタッグは、日本全国のハードコアパンクスたちを震え上がらせた。実際のツアーの浜松では、あまりの恐ろしい噂により有料入場者数は一桁で、地元のパンクスたちが怖がって観に来ないという状況が発生する。当時、愚鈍のベーシストであったＧＵＹの証言で、広島でも恐ろしい噂が流れていたことがわかる。

ＧＵＹ「怖い噂はむっちゃ流れてたよ。その年の8月6日がGHOULの初広島になるんだけど、そのライブでGHOULを観た人の噂と、まだGHOULを観たことがない人の噂で、ツアー前から話題だったよ。なんせ名前が『極悪ツアー』だからね（笑）」

しかし、実際のライブではマサミが暴れるようなことはほとんどなく、先行した噂で当時観に行かなかった人間は確実に損をしたと言えるだろう。「極悪ツアー」の埼玉で行われた浦和ナルシスでのライブには鉄アレイも出演しており、そのときの様子をＲＹＯが話してくれた。

RYO「ナルシスに鉄アレイで出たんだけど、楽屋で腕立て伏せしてたら、みんなが『オッ!』とかなってたね(笑)。楽屋は和気あいあいとしてて、怖いとかそんな感じはなかったな」

筆者はツアー最終日の東京ロフトでのライブを観に行っていたが、GHOULとMOBS、他には確か京都のBONESも出演していて、非常に盛り上がったライブだったと記憶している。しかし、以前に東京の鹿鳴館に来たときのMOBSを観た人間が怖がって来なかったり、その恐ろしい噂で観客はいつもよりは少なかったような思い出がある。MOBSのすさまじさや、ハードコアにおける暴力沙汰を体験したり楽しんだり、その危険な匂いを魅力と思うようなパンクスが、この頃になると既に減っていたのかもしれない。

しかし、最終日の東京で揉め事がなかった訳ではない。その内容はマサミとは関係ないので割愛させてもらうが、GUYの証言からも、この「極悪ツアー」は、MOBSの猛威が全国に伝わったツアーだったと言えるだろう。

GUY「お客さんは80人ぐらいだったかな? パンパンではなかったんだけど、MOBSのケンジ君がチェーン振り回してた(笑)。マサミさんは暴れてなかったよ」

どこの地方の話を聞いてもマサミの暴れたような話は聞かれなかった。しかし、唯一京都磔磔でのライブのときに、事件があったようだ。

山根「マサミさんはツアーのストレスが溜まってたんでしょうね。GHOULのライブの途中でマサミさんがどっかにいなくなったんですよ。ほんでおちゃらけで僕が2曲ぐらい歌ったんですけど、あれはみんな笑うてましたわ(笑)。僕がステージに立った瞬間、客も笑ってるしね(笑)」

11,22 OSAKA ◦エッグプラント
24 HIROSHIMA・クリ
25 EHIME・ニューグランドビル
GHOUL & MOBS
JAPAN TOUR
1·9·8·5
27 OKAYAMA・ペパーランド
29 KYOTO，タクタク
30 HYOGO・カンサイガクインダイガク
12, 1 SHIGA◦ ロギンス
2 HAMAMATSU・ホットレッグス
4 GUNMA、ラタン
5 SAITAMA・ナルシス
6 TOKYO，ロフト
HOLD UP RECORDS
HOLD UP RECROS C.O.
11,22〜12,6
極悪TOUR
GHOUL & MOBS

「極悪ツアー」のポスター

MOBSの出番が先だったために、山根はメイクもとっていて、急遽マサミの抜けた穴を埋めたという。しかしマサミはライブ中にどこへ行ってしまったのだろう？ それまでもライブでマサミがいなくなった話はほとんど聞いたことがない。唯一GHOUL初関西ライブの京都アビエックスのときに、歌いながら外に出て行った映像は観たことがあるが、それでもライブ中にステージへは戻っている。

山根「そのときも『マサミさんのことやから大丈夫やろ』ってみんな心配してなかったんすよ。最終的にマサミさんは礫礫に戻ってきたんですけど、案の定どこかで喧嘩したみたいで血まみれで帰ってきましたね（笑）」

これよりしばらく後のことだったが、筆者も打ち上げに行く途中で歌舞伎町の繁華街へ消えていこうとするマサミを、頼まれて連れ戻しに行ったことがある。マサミの背後から「マサミさん！」と声をかけ、打ち上げに戻ろうと声をかけようとした瞬間、振り向いたマサミの表情が、いつもの筆者たちのような若手パンクスに向けるものではなく、完全な戦闘体制の表情で、筆者を認識したために殴られることはなかったが、その表情の恐ろしさと不機嫌極まりないオーラには、引き下がる以外の方法は選択肢としてあり得なかった。その後マサミは、通りがかりの人間たちに催涙スプレーをかけながら、誰彼構わず喧嘩を売りつつ歌舞伎町に消えて行った。

しかし、マサミはストレスが溜まっていたとしても、その矛先を仲間内に向けることがないとわかっていただけるだろうか？ たまたま機嫌の悪いマサミと出会ってしまった一般人はたまったものではないと思うが、何かの理由で喧嘩になってしまうような場合以外、マサミは仲間に苛立ちや暴力を向けることはほとんどなかった。この日も初めての長期ツアーで何かがあったのだろう。しかしそれを観客や仲間に向けるのではなく、ストリートで発散するというのがマサミらしいと思える話であると思う。

年の離れた後輩に対してでは、マサミの仲間への優しさはさらに深いものとなる場合も多い。

山根「僕はたまたまマサミさんに可愛がってもらっとって、いつもマサミさんのとこに泊めてもらってたんすよね。朝起きるとサンドイッチを買ってきてくれて置いといてくれたりして。関西に来たときは、僕の実家にマサミさんが泊まってたんですよ。すっごい大人しいんですよ。酒もほとんど飲まなかったですね。僕の実家の母親の飯食うて、寝て次の日ライブみたいな。すごい優しいお兄さんって感じでしたわ」

山根はマサミに可愛がってもらっていたようで、他にもいろいろ話を聞かせてくれた。

山根「当時、僕はBOØWYが好きやったんすよ。ほんでマサミさんは布袋とか仲良かったんで、布袋の電話番号を教えてもろうたり。っていうても、電話なんかかけられないやないっすか（笑）。突然『山根です』いうても『誰や』ってなるから（笑）。だから宝物のようにその電話番号を持ってたんですけどね（笑）。嬉しかったです。そこまでようしてもろうてたんすよマサミさんには。ほんま優しかったです」

六本木のクライマックスの常連同士で、布袋氏とマサミは繋がっていたようだ。他にも安岡力也氏や、その弟分のジャンボ氏などとも交流があり、マサミの顔の広さには計り知れないものがあった。その交流の広さにより、とてもパンクスが行きそうにない店などもたくさん知っていたようで、鉄アレイのＲＹＯはいろんな店に連れて行ってもらったという。

ＲＹＯ「マサミさんに連れてってもらって、六本木で女の人のつかない広いスナックみたいな、ラウンジって言うのかな？　そこに行ったんだよ。マサミさんはあのままなんだけど、結構それっぽい人もいて広くてさ。ソファー敷きかなんかになってて、俺は『え？　ここで飲むの？　どここれ？』みたいなさ（笑）。それまで錦糸町とか森下とかで飲んでたのが、急に六本木のそんなとこ連れてかれて『は!?』って（笑）。そしたら三田寛子がいて、当時アイドルとか芸能人で、他のキョンキョンだとか聖子ちゃんだなんだとかと比べても三田寛子って二枚も三枚も落ちる感じだったじゃん？ それがちょっと離れたところにいるから見てみたら「あ！ 三田寛子だ！ 可愛い！」って（笑）。それでジャンボ氏にも、そこで出くわしたんだよ。そしたらふたりとも挨拶とかしてたね」

他にもRYOは、マサミの行きつけのような店にいろいろ連れて行ってもらったという。

RYO「あとあれは原宿だったと思うんだけど、イギリスのパブみたいに鉄格子の扉で、営業時間が終わってから目線のとこだけカチャって開けて確認する店があってさ。ブラックライトでサイケな感じのバーみたいな。そんなでっかくなくてこじんまりしてんだよ。そこも『オイッス』みたいに入ってってさ（笑）。錦糸町とか森下で飲んでたのに鉄格子だよ？ 知ってる人は知ってるんじゃないかな？ 鉄格子でカシャッって開けて見られて『あぁ！』みたいな感じで入ってって。マサミさんに連れていってもらうところは変な店が多くてさ」

こうした山根やRYOの話からは、マサミの後輩に対する面倒見の良さが垣間見える。そして決して暴力的ではなく、恐怖感を微塵も感じさせないマサミがそこには存在している。筆者も行くところがないときに泊めてもらったり、新年会に呼んでもらい料理を振舞ってくれたりと、世話になったことがたくさんあった。

こうしたマサミの面倒見の良さは、仲間に対する様々な場面で見られる。そして「極悪ツアー」と同じ年の85年に、日本に初来日したCHAOS U.Kのときにも事件が起きていた。

ヤクザと警察

#23

GHOULとMOBSの「極悪ツアー」が行われた昭和60年（1985）は、日本に初めて海外のハードコアパンクバンドが来日した年でもあった。初めて日本に来日したハードコアパンクバンドは、イギリスのG.B.Hである。そしてそのすぐ後にCHAOS U.Kが来日する。G.B.Hのときの共演は、確かLAUGHIN'、NOSEだった気がするが、筆者は観に行っていないので確かではない。

その後、海外ハードコアパンク来日第2弾で来日したCHAOS U.Kのときには、日本のハードコアパンクバンドの錚々たるメンツが共演し、非常に盛り上がるライブとなった。そのときの様子は拙著『ISHIYA私観 ジャパニーズ・ハードコア30年史』と、noteでのウェブ連載「ISHIYA私観『平成ハードコア史』」第1章の「#8 CHAOS U.K」で書いているので、興味のある方はご一読願いたい。

CHAOS U.K初来日公演の東京では、鹿鳴館の他にツバキハウスでも昼夜2部制でライブが行われた。東京のCHAOS U.Kのライブは筆者も観に行っていたのだが、金がなくツバキハウスの第2部のチケットだけは買えず、第1部公演が終わった後の外でたむろしていた。するとGAUZEのシンがやって来て「お前いつも来てるよな。CHAOS U.K好きなのか?」と聞かれ「大好きなんですけど、金がなくてチケット買えずに入れないんです」と言ったら、なんと入れてくれるというではないか。天にも昇る気持ちで、第2部のライブを楽しみ、ヘトヘトになるまで暴れまくった記憶がある。このときがきっかけだったと思うが、筆者はその後「消毒GIG」などに警備として入れてもらえ、無数のライブや打ち上げを体験できた。しかしこのCHAOS U.Kツバキハウス公演の日はまだ、打ち上げに行くほど親密な関係ではなかった。しかし、このツバキハウスでのライブ後の打ち上げで事件が起こる。

CHAOS U.Kの初来日公演は、各所で日本のパンクスたちに衝撃を与え、その後の日本のハードコアパンクシーンに多大な影響を与えるツアーとなった。東京のツバキハウスでの2部制公演も大盛況で終わり、その後、出演者や関係者で歌舞伎町に打ち上げに行ったときのことだ。

シン「歌舞伎町のビルの2階の居酒屋で打ち上げやってたんだよ。マサミとかLIP CREAMの連中とかGAUZEとか、あと女の子とかで15人ぐらいいたのかなぁ？ それで飲み終わってエレベーターで降りて来たら、フグがヤクザと殴り合いしてたんだよ」

先にエレベーターで下に降りて待っていた人間たちに、このときの話を後に聞いたことがあるのだが、エレベーターの扉が開くと、中ではチンピラ風のヤクザとフグが掴み合いになり殴り合っていたという。

シン「ヤクザって言ってもチンピラね。でもヤクザだったから『やめろやめろ』って止めたんだけどさ。外の目の前の路上に屋台出してるテキ屋がいたのよ。そしたらそのテキ屋がすぐに連絡してさ、歌舞伎町から10人ぐらいヤクザが飛んで来たんだよ」

シンの話によると、当時、一時的に歌舞伎町では「パンク狩り」というのがあり、パンクの格好をした人間を片っ端から見つけては、何かするというようなことがあったらしい。確かに当時そんな話を聞いたこともあるような気はするが、幸いこの日の出演者はこのときまで被害にあったことはなかったようだ。

シン「だからあんまり派手な格好してるやつもいなかったじゃん。俺は電車の中でズボンに火をつけられたぐらいで、そういうことされなかったけど。そのときは10人ぐらい来ちゃって『ヤバイな』って思ってさ。相手のメガネを踏み潰してぶち壊しちゃったりとかしてたしさ。『これは文句言ってても穏便にすまないな』って感じだし、そのときに女の子もいたから、俺たちは謝って済ませようとしたんだよ。そしたらマサミがひとりで矢面に出て行ってさ。あのときマサミは後ろにいた気がするんだよな。でも気がついたら一番前にいたから、後で思ったらあれはマサミが前に出て行ったんじゃないかと思う。それでマサミひとりだけ一発殴られたんだけど」
ミノル「やって来たヤクザにマサミが『あれでしょ？ 原宿の？』って言ったら『何が原宿だ！』ってバチーンってやられて、原宿のマサミが知ってる組系列ではなかったらしくてさ」
シン「向こうもどう思ったのかわかんないけどさ、一発殴ってちょっとした落とし前つけさせられて帰って行ったけど、フグはそいつとガタガタ揉めてたけどね（笑）」
ミノル「ほんとマサミはそういうお母さん的なところはあった。顔役みたいな感じだったよな」

筆者も原宿歩行者天国の「ロードサイドロッカーズ」のときに、友人が焼き芋屋をやっていて、そこに屋台を引いて来てしまったためにテキヤと揉めごとになり、地元のヤクザが出て来てしまったのだが、マサミが話をして丸く収めたのを見たことがある。マサミの顔の広さは、おおよそパンクスとは思えない交友関係も多くあったようで、警察関係にも顔が効くようであった。

ちょうど鉄アレイのＲＹＯが原宿に住み出したのもCHAOS U.K来日翌年の昭和61年（１９８６）頃で、この頃のマサミの話でも警察関係に顔が知れわたっているのがわかるだろう。

カツタ「ＲＹＯが原宿に住んでから、大晦日のオールナイトの後に、マサミと明治神宮に初詣に行ったらしいんだよ。

CHAOS U.K初来日のポスター

そしたらあのでかい賽銭箱に、一升瓶ぶん投げて割ってたらしくてさ（笑）。そしたら制服警官にすぐに捕まったんだけど、私服の刑事が来たら『なんだよ、マサミじゃねぇか。もういいよ。もうお前ら帰っていいよ』って言われて終わりだって（笑）」

ＲＹＯ「ああ、あったかもしれない！」

マサミの地元の警察関係は、昔から何かあるとマサミの家まで来ていたという。もう少し前の昭和58年（１９８３）頃の話だと思うが、当時THE COMESだったミノルの話でもそれがわかる。

ミノル「前に確かMOBSのケンジとジョータローが大阪から来て、マサミんちに泊まってるっていうから遊びに行ったんだよ。そしたら何かの事件があったらしくて、家に刑事がマサミに話を聞きに来てたな」

どうやら原宿ではヤクザにも警察にも有名人だったらしく、様々な逸話がある。

BEAR BOMB「本当にＧパン履いてる刑事がいたみたいで、マサミは『渋谷にＧパン刑事がいる』って言ってた（笑）。俺もチンピラと喧嘩したときにさ、マサミが間に入って収めてくれたりしたな」

ＲＹＯ「マサミさんのアパートの玄関に、魔除け的に刑事の名刺が貼ってあったね。『これで警察が来ないという』って言ってた（笑）」

他にも噂レベルでは様々な話があり、筆者とカツタのふたりが別々に聞いた同じ内容の話がある。
あるとき何かの事件でマサミが逮捕された。友人が面会に行くと、なんとマサミは留置されているにも関わらず、ウイスキーのポケット瓶を持って面会に現れた。友人が「どうしたのそれ?」と聞いたら「刑事さんがくれたの」と言っていたという。一晩中留置場の金網や壁を蹴って暴れているので、片手がないマサミには手錠をして拘束することもできず、ほとほと困り果てた刑事がどうしようもなくなって酒を渡したというのだが、その話を聞かせてくれた本人が既に覚えていないというので、事の真偽は定かではない。しかし現代では考えられないことが、当時では起こり得る。筆者とカツタのふたりが、別の時に同じ話を聞いているので信憑性はゼロではないという気がするのだが、どうだろう。確かまだマサミが存命の頃にその話を聞いたので、本人に確かめておけばよかったと思わずにはいられない。

そしてGHOULも、「極悪ツアー」の前に行ったＧＡＳとのツアーでの広島で、後のマサミの活動に関わる出会いがあった。

ＧＵＹ「広島にGHOULが初めて来たのは、１９８５年8月6日『NO MORE 広島集会』だね。場所は広島駅東に今もある東区民文化センターで、愚鈍の下の世代が企画したと思う」

このときの出演はＧＡＳ、GHOULの他に、東京からなんとTHE TRASHが出演している。

ＧＵＹ「ＧＡＳの広島凱旋公演で、東京ハードコアが広島に来た初のイベントになるのかな? マサミさんの右手がない噂と共に、GHOULはヤバいらしいという噂は広まってた。楽屋に挨拶行ったときに恐る恐る右手を見たのだけど、バカデカい鋲がついたリストバンドになっててたまげたよ」

そして、このときにGASでギターを弾いていたのが、山川のりを（現ギターパンダ、Ex.DEEP & BITES、THE COATS、忌野清志郎＆2・3'S etc.）であった。当時GASのギターではGASTUNKのタツが参加していたが、のりをが弾いているライブを筆者も何度か観たことがある。

のりを「僕がGASでギターを代打で弾いた広島のライブがあったんですよね。そのぐらいの時期に、タツが弾くときはタツで、タツが都合悪いときは僕でみたいな感じで。広島のときにGHOULとTHE TRASHもいて、そこで知り合って、それから普段ライブ行ったり遊ぶようになっていって」

この出会いが、後のマサミの活動に大きな影響を与えることとなるのだが、それはもう少し後の話になる。

マーチン「広島の文化ホールの様な結構広い所でやったときだと思うけど、GASとはそのとき面識なかったのよ。ナルミとかのりをとかも。マサミだけうちの車に乗ってたような気もするんだよ。それで朝早く着いちゃってね。みんなで酒飲みながら『牡〜蠣！ 牡〜蠣！ 牡〜蠣！』って連呼しながら牡蠣屋を探しに行った（笑）。朝から店が開いている訳がないのに、牡蠣と酒のことしか頭になかったんだよね（笑）」

この時期に、他にもGHOULとGASで東北・北海道を回るツアーをやっているのだが、元GASのボーカルであるナルミにも話を聞かせてもらった。

ナルミ「GHOULとGASで北海道行ったツアーは、「極悪ツアー」より前だと思う。広島のときは、そのツアーとは別のツアーだったと思うなぁ」

テツ「北海道で、坂本九が飛行機で落ちて死んだニュースを見たんだよね」

坂本九が飛行機事故で亡くなったのが85年8月12日のため、「#22 極悪ツアー」で、「極悪ツアー」が日本ハードコアバンド初の長期ツアーであると書いたが、「極悪ツアー」に先立つこと3カ月前の8月に、GHOULとGASの東北・北海道ツアーが行われている。「極悪ツアー」ほど全国的な規模のツアーではないが、それでもある程度の期間連続したツアーだったようなので、そちらが日本初のハードコアバンドによる連続したツアーになるかもしれない。

テツ「連続でもないよね？ そんなに数はやってない」

ナルミ「そうかなぁ、記憶ないなぁ。青森も行ってるし北海道も行ってる」

テツ「北海道のツアーのときさ、前日になんかのパンクバンドが暴れたかなんかで、やるはずだったライブハウスでできなくなったんよ。でもライブやらないと帰る金がなかったから、デパートの屋上で『反戦・反核をテーマにした催し物があります』みたいな感じで宣伝されてライブやったんだけど、子どもやらお母ちゃんやら、そういうファミリーのお客さんが並んでてさ。屋上の遊園地じゃねぇけどそういう遊ぶようなとこでのライブだったんだけど、1曲目でマサミちゃんがやめて終わったんよ（笑）」

こうしてマサミとGHOULは、日本のハードコアバンドとしては初の長期ツアーを行うなど、順調に活動していた。

マサミの様々な噂が、全国各地に流れて行ったのもこの時期であると思うのだが、その噂の当人であるマサミと東京のハードコアパンクバンドを観るために、地方では様々な観客が来ていた。当然その中には女性も多くいるのだが、マサミはかなりモテていたようで、ツアー後の東京にはGHOULのツアーでマサミと仲良くなった女性たちが多数やって来ることになる。

#24 音楽の好みとマサミの優しさ

日本のハードコアパンクバンドとして、初めて長期にわたる連続した日程のツアーを行ったマサミのGHOULは、地方に初めて東京のハードコアを伝えることとなる。

それまで関西方面や東海地方などであれば、様々なハードコアパンクバンドが訪れていたが、東北や中国、九州地方に東京のハードコアパンクバンドが訪れることはなかった。GHOULが北海道へ行く前年の昭和59年（1984）にGASとSYSTEMATIC DEATHが北海道を訪れているが、これが東京ハードコアパンク（GASは広島から東京進出したバンドで、SYSTEMATIC DEATHは横浜ではあるが）の北海道進出の最初なのかは定かではない。九州地方においては昭和61年（1986）の小倉IN and OUTで行われたGAUZEか、昭和60年（1985）と86年に行われたLIP CREAMとCITY INDIANのDYNAMITE TOURで九州に行っていれば、それが東京ハードコアパンクの初九州だと思われる。

当時のマサミとGHOULという存在は、日本のパンクスたちにとって一番とも言える興味の対象であり、その実物が体験できるライブが地方都市で行われることによって、多くのパンクスが育って行ったのも事実だろう。

当時、東京でのマサミは、普段時間の都合が合えばいつもトラッシュ連の友人たちと飲んでいることが多かったようだ。中でもマーチンはその頃ひとり暮らしだったために、何かあるといつもマサミから電話がかかって来て飲んでいたという。

マーチン「俺も結構家にいた時期があって、それで昼ぐらいにマサミから電話がかかってきて、吉祥寺にいせやって焼き鳥屋があるじゃない？　そこにふたりで昼の2時から最終までいて（笑）。ふたりでわけわかんない話をずーっとしてたりさ」

気心の知れたマーチンと飲むときのマサミは、他のTHE TRASHのメンバーとはほとんどしない、音楽の話などもしていたという。

マーチン「FRICTIONのカセットテープも一番最初マサミにもらったのよ。あれさ、詞があんまりないじゃない？ 今、FRICTION聴いてると、その辺からのマサミの詞がないってことへの影響があるのかな？っていう風にも最近感じたんだよね」

ヒロシ「マサミと最初仲良くなったときも、音楽の話ではないな。音楽の話ったって、外道を観に行ったときの話を俺がしてるだけだったな」

マーチン「あと面白いのがトニー谷（笑）。ちゃんとカセットテープに、A面B面の曲名をマサミが全部書いてくれてるテープがある」

このトニー谷の話には驚いたのだが、鉄アレイのＲＹＯがよく遊んでいた時期にも音楽的な話はしていて、やはりトニー谷は好きだったようだ。

ＲＹＯ「鉄アレイでセルフィッシュ（SELFISH RECORDS）から出たオムニバスの『EYE OF THE THRASH GUERRILLA』に入ったじゃん？ あの曲をマサミさんに聴いてもらったら『この歌いいね』って褒められた思い出が

あるんだよ。鉄アレイとしては初めてのレコードで、マサミさんに褒められてもちろん嬉しかったし、すげぇ励みになったんだよね。マサミさんは泉谷しげるも聴いてたよね。あとトニー谷（笑）」

マーチン「俺はマサミから、FRICTIONとトニー谷の2本しかテープをもらってないんだよ（笑）。自分が好きなもんだから、ちゃんとカセットに録ってウチに来て『あげる』って（笑）。それでトニー谷をふたりで聴きまくったんだよ（笑）。クレイジーキャッツの話もしてたんだけど、なんせトニー谷だよ。酒飲んでふたりで酔っ払ってて『チャカチャカチャカチャカ　ざんすざんす　そうざんす』で（笑）。くだらないよほんとに（笑）」

マサミのこの姿は、正直言って筆者には想像がつかない。しかし心を許した相手には、日本のハードコアパンクのシンボルのような中心的存在だったマサミといえども、人間的で楽しい部分をさらけ出していたのであろう。

マーチン「マサミがいつもカラオケで歌うのは、フランク永井の『おまえに』と、クールスなんだよね。あと泉谷の『春夏秋冬』は好きだったね」

マサミのカラオケでの話は、他でも聞いたのだが、やはりフランク永井をいつも歌っていたようだった。

マユミ「マサミのカラオケの十八番は、フランク永井の『おまえに』だったよね」

シン「マサミと一度だけカラオケに行ったことあるんだよ。みんな一緒だったけど、マサミが1曲だけ歌ったのはフランク永井の渋～い歌でさ。高倉健じゃないから任侠じゃないけど、その渋～い歌を、決して上手いって感じじゃないけど歌ってたよ（笑）。あいつね、そういう古くてかっこいい昭和のイメージが残る代表的なパンクスだからさ」

他にもマサミは、女性に優しい面がたくさんあったようだ。

ユカ「私が中野にアパートを借りて隣に挨拶して、私はバイトかなんかで家を出たんだけど、部屋にマサミとかマユミとかがいたんだよね。そしたらうるさいって隣の人が怒鳴り込んで来て、引越しの挨拶であげたタオルでマユミが叩かれたかなんかで、マサミが出て行って大人しくさせたり」

マユミ「そいつの部屋の新聞受けから部屋の中を覗いたら、明らかに部屋の状態がおかしかった。特に照明が。とにかくあのときはマサミがいてくれて本当に助かった」

他にもマサミにはお茶目な面や、女性に対する優しい部分もあり、観客だった筆者ではわからないマサミの人間性も、取材を通して知ることができた。

マユミ「何かのライブの帰りに7、8人で何故かレンタルルームの広い部屋に全員で泊まることになったのね。その部屋には100円入れると見れるテレビが設置してあって、マサミがコイン投入口に斜めにナイフを刺して、コインを入れずにずっと見れる状態にしてくれたの。そのナイフが、ファミレスで出てくるハンバーグを切るような普通のナイフで（笑）。その技に魅了されて目がハートになった記憶がある。ひとつ言えることは、マサミは私たち友人や知り合いの女子には優しかったと思いますね。私がマサミの彼女の友人というのもあったけど、お世話になったし家にもよく遊びに行ったたし、泊まりにも行ったし。口説き文句だったのか、可愛がってる女の子には誰にでも言ってたみたいだけど

『妹みたい』と言われて良くしてもらった（笑）」

マーチン「マサミはメチャクチャモテたよ。あれはね、やっぱりマサミの優しさかな？『妹みたいなやつだから』って言うのが、俺なんかに紹介する言葉だったね。マサミと付き合ってる子はみんな『お兄ちゃん』って呼んでたから、妹みたいなもんだって。みんなで飲んでるときでも、マサミは確かにすごい冷静だけど酔っ払ってるんだよ。けど、女の子とか来ると、ちょっと変わっちゃうんだよね（笑）。若干だけどね」

ツアーに行った地方でも、マサミの女性に対する優しさや普段の姿とステージでのギャップが、女性にモテた要因ではないだろうかと思える。そして、ツアーで行った地方で仲良くなった女性たちが、GHOULのツアー後に東京へ遊びに来るようになる。しかしマサミは当時彼女と同棲していて、ツアーで親しくなった女性を家に連れて帰るわけにはいかない。

マーチン「あのねぇ、言うけどね、ツアー行ってこっちに連れてくるじゃん？自分ちに連れていけないもんだから、全部うちなんだよ（笑）。そのとき、ちょうど俺ひとりもんだったんだけど、4人とかマサミがうちに連れて来ちゃったこともあってさ（笑）。誰かは押し入れで寝なきゃいけないし、帰れとも言えないし『まぁいいや！』みたいな（笑）。何かあると全部うちだったね（笑）。マサミの色恋沙汰を、俺はいっぱい知ってんだけどね（笑）。でもみんないい子だったよ」

当時、GHOULのツアーをきっかけに、地方から出て来た女性たちの中で、その後、東京に上京して生活する女性もいたため、筆者も友達になったり話すようになった女性も多くいた。本当に良い子もいて、筆者がツアーで地方に訪れた際には世話を焼いてくれたりなど、助けてもらったこともたくさんあった。

他にも86年には、盟友であるヒロシに子どもが生まれ、夫婦共に仲が良かったマサミは、ヒロシの子どもも随分と可愛がっていたという。

ヒロシ「子どもが小さい頃に俺んちに来ても、俺は倒れて寝てるんだけど、マサミが子どもの面倒を見てくれてるんだよ。優しいんだよ」

ユカ「私が仕事で昼ごはんをヒロシに頼んでたんだけど、ちょっと不安だったから昼に一時帰宅したら、ヒロシは寝ててマサミがうちの子に納豆ご飯を食べさせてた（笑）。よく原宿でうちの子を肩車してたんだけど、うちの子がマサミの頭叩いたりしてて『俺の頭叩けるのはお前だけだよ』って言われてた（笑）。うちの子もちっちゃかったしね。懐いてたら可愛かったんだろうね。マサミって呼び捨てしてたし（笑）。マサミのことを嫌いな人はいなかったと思うよ。外見は怖いけど、基本は優しいから」

盟友であるヒロシに子どもが生まれたことで、マサミの優しさがあらわになる。どれだけ暴力沙汰を起こしても、根本的には非常に優しい人間だったことがよくわかる。

一方で、地方や東京でのライブも頻繁に行っていたGHOULの活動は順調に見えたが、ベースのゴーストが脱退することになってしまう。その後ゴーストは、大阪のライブハウス、エッグプラントに出没していたこともあるようなのだが、GHOUL以降に東京のライブハウスで見かけることはあまりなくなってしまう。そしてゴーストに取材をしようと、様々な人にゴーストの行方を聞いてみたのだが、現在は他界してしまったという事実が判明し、取材をすることはできなかった。

ゴーストは脱退してしまうが、GHOULのライブは頻繁に行われた。ちょうどセルフィッシュレコードができた頃で、GAUZEやLIP CREAM、OUTOやSYSTEMATIC DEATHなどを中心に、日本のハードコアパンクが盛り上がりを見せている頃だった。

この当時、目黒の鹿鳴館では、頻繁にハードコアパンクのライブが行われていた。渋谷センター街にあった屋根裏が閉店して下北沢に移転したのも86年で、その後、新宿アンチノックへとハードコアのライブの中心地は移っていくのだが、このときは鹿鳴館がハードコアパンクのライブの中心地であった。もちろん東京ハードコアシーンでのGHOULの存在は重要で、マサミの存在は日本のハードコアパンクのシンボル的なものであった。どんなライブに行っても、GHOULとTHE TRASH、GAUZE、LIP CREAMのどれかが必ず出ていたように思う。それほどこの頃は頻繁にハードコアパンクのライブが行われていた。

その盛り上がりを見せていたハードコアパンクシーンの中心的存在だったGHOULだったが、ある日のライブのステージで、突然マサミが「GHOUL解散」と言い出すではないか。筆者はそのライブを観に行っていたのだが、ふざけて冗談でも言っているのだろうと本気にしなかった。しかし、これが事実であることが判明するのも、同じ86年のことだった。

GHOUL解散

#25

昭和61年（1986）のハードコアシーンは、かなりの盛り上がりを見せていた。次々と若手バンドが台頭し、代表的なところでは SxOxB、DEADLESS MUSSなどが挙げられると思う。

ちょうどこの86年頃、筆者のバンド、DEATH SIDEでも都内でのライブができるようになったので、GHOULやTHE TRASH、GAUZE、LIP CREAMなどのライブに出演させてもらえるようになっていった時期である。当時、筆者はライブハウスにもかなり頻繁に通い、東京以外にも横浜や埼玉など、東京近郊で行われるハードコアパンクのライブのほとんどに行っていた。

そして、ある日の鹿鳴館でのライブのときだったと思う。いつものようにGHOULを観てノっていた筆者だったが、ステージの最中にマサミがマイクで「GHOUL解散」と言うではないか。それまでやっていたライブや、この日のステージでもGHOULが解散する要素や雰囲気は微塵もなかったので、聞き間違えかと思っていたのだが、確か二度か三度「GHOUL解散」と言っていたので「本当なのか？」と疑心が沸いていたが「まぁそんなことはないだろう」と、信用はしていなかった。

しかし、後日のライブで、本当にGHOULが解散することになってしまう。

GHOULの「LAST GIG」としてYouTubeなどで見られる映像があり、当時発売されたGHOULのビデオなのだが、YouTube映像の日付が「1985年」となっているものがある。しかし、昭和60年（1985）11月にMOBSと「極悪ツアー」をまわり、その後、1986年になってから、筆者がDEATH SIDEでGHOULと対バンしているので、1985年にはまだGHOULはあったと記憶している。

その「LAST GIG」のベーシストはゴーストではなく、GHOULの最終期に、ゴーストの後にベーシストとして加入した夏目田という男だ。

テツ「確かゴーストは『自分のバンドをやる』って言って辞めたと思う。夏目田もマックスが見つけてきたよ。当時、GAUZEのドラムにいたイチローの友達だから。メンバーとかは大体マックスが見つけて来てたな」

そして、マサミがステージ上で解散宣言をした後に、ビデオ撮影が行われる。

テツ「ビデオ撮影のライブがGHOULの最後だったんだよ。一回ビデオを撮ったときに、マックスの演奏が酔っ払いすぎかなんかでグッチャグチャで、それでもう一回撮ったんよ（笑）。ＡＣＣかなんかっていうビデオ会社が金払って出すのが決まってたから、やめるわけにはいかないからさ。そんでもう一回ライブしたんよ。だから1回目の撮影のときはゴーストだったんよ」

確か筆者も、この撮影のライブを2回とも観に行っている。となると筆者が聞いた解散宣言はゴースト在籍時のもので、ビデオ撮影の前だったと思われる。事実、解散宣言の後にGHOULを観に行った記憶があるので、それが映像として収められた「GHOUL LAST GIG」になるかもしれない。

テツ「まぁ夏目田もベース上手かったからさ。でも何回もライブやってないよ。2、3回だよ、たぶん。夏目田は鹿鳴館のライブぐらいしかやってない」

筆者の記憶では、もう少しやっていたと思うが、それでもそれほど多くの回数のライブをやらずにGHOULは解散してしまった。実際のGHOUL解散は、86年であると思う。「極悪ツアー」を85年11月に行い、帰って来てすぐに解散という記憶は、筆者にはない。

テツ「うん。『極悪ツアー』のだいぶ後だな。帰って来た瞬間に解散なんかない。あの鹿鳴館でビデオ撮ったのが、GHOULの最後だと思うよ」

こうして突然の解散となってしまったGHOULだが、解散の理由はいったいなんだったのだろう？ 親友であり、いつも一緒に遊んでいた昔からの仲間であるTHE TRASHのメンバーなら、GHOULのメンバーにも話せないことなどを知っているのではと思い聞いてみた。

マーチン「解散のことは全く聞いてない。GHOULを始めるときは電話がかかってきたけど、その辺は全く聞いてないね」

ヒロシ「俺も聞いてないなぁ」

カズシ「うーん、残念ながらバンドのことについては話した覚えがないなぁ」

やはりこれはメンバーにしかわからない部分なのだろう。テツに解散の理由を聞いてみた。

テツ「思い出せんよなぁ。覚えてない（笑）。そんなに大きな理由はなかった気がするんだよなぁ。喧嘩とかも全然してないし、マサミちゃんの気分だろうな（笑）」

なんということだろう。当時、筆者などの観客たちは、GHOULの解散にショックを受けていた。もうGHOULが観られなくなるという現実に、非常に残念な思いがあったのだが、なんてことはない。マサミの気まぐれとしか言いようがない解散だったようだ。そう言われてみると、解散と言った瞬間のマサミも、得意のいたずらをするときの、半ば笑っている表情だった気もする。

これはあくまでも筆者の個人的な私観であるが、ひょっとしたらマサミは音楽性やスタイルが、GHOULのようなゴリゴリのハードコアではなく、もっと楽しめるものがやりたくなったのではないだろうか？　GHOULのレコードが発売されたときでも、歌詞のなかったマサミの歌に、コーラスで一緒に叫べる言葉が出てきたために盛り上がって最前列で歌っていると、ニコニコしながらマイクを向けてくれたこともあった。音楽的にも家では泉谷しげるや外道といったものの他にFRICTIONなど、ハードコアといった音楽ではないものを好んで聴き、トニー谷のようなギャグで楽しいものも好きだった。今思えば、こうしたマサミの音楽性や、普段の仲間たちとの付き合いを見ても、威圧的で恐ろしい暴力的な雰囲気で怒りを表現してきたハードコアよりも、楽しさや哀しさ、嬉しさや寂しさなどの様々な感情を表現したものを、新たにやりたくなったのではないだろうか？と考えてしまう。

もしくは盟友であるBEAR BOMBの脱退以降、ベースのメンバーチェンジがあり、テツとは一緒に飲んだり遊んだりすることはあっても、歳の離れた他のメンバーとは感覚的に違和感があったのかもしれない。昔から気心の知れた仲間であるTHE TRASHのライブのときにはステージの横に必ずいて、いつも飲みながらニコニコ観ているマサミの姿を思い出すと、そう思ってしまうのも間違いではないような気がする。

人間としての繋がりを大切にしていたマサミは、THE TRASHのようなバンドがやりたかったのではないだろうか？　あくまでもこれは筆者の個人的な私観なので、マサミを知る人間たちは各々で思いを馳せていただきたい。そこにマサミが生きているだろう。

しかし、マサミがそのまま終わるはずもなく、GHOULを解散してすぐに動き始める。その後に展開された音楽性などを鑑みると、筆者の個人的な私観もあながち間違いではないと思うのは気のせいだろうか?

マサミのソロ作品として7インチシングル「FINAL DAYS」が、GHOUL解散と同じ年の86年に発売される。そこに関わっていたのが、BAD LOTS初代ベーシストで元C.O.P、現在BAREBONESの後藤達也、通称ゴッタツであり、そこではGHOULの広島ツアーのときにGASでギターを弾いていた、山川のりをがギターを弾くことになる。

ゴッタツ「まずソロは、マサミ君がジムズインのジムさんと話したんだと思う。その頃ジムさんといて、ちょいちょい話をしてたんだと思う」

ジム「俺はあの頃レーベルもやってたんだけど、マサミのソロとか以外にも、GASの山上と達也のC.O.Pね。あれはふたりともうちの従業員で、レコードを出したね」

ゴッタツ「だからマサミソロのバックは片面がC.O.Pで、もう片面サイドがのりをと俺でやってる。そこで『今度マサミのをやる』って言われて、メンツをセッティングしたりとか、あのホームレスのジャケットを撮ったりとか、いろいろちょこちょこ動いてたのが俺だから」

のりを「ゴッタツがいろいろ仕切っていて、僕に『ギター弾かんか』みたいな。全部広島で始まった感じなんですけど」

テツ「GHOULが解散した後のマサミソロとかあったじゃん？　あれとか俺が叩いてるから。あれ入ってんのが、ゴッタツやら俺とかのりをとか、あの辺メンバーがごちゃ混ぜなんよな」

ゴッタツ「でもライブはやってないから。もう完全なソロ作品っていうだけで。そこからのりをとかとやったりして、BAD LOTSになったんだと思うよ」

GHOUL解散後すぐに動き出したマサミは、THE TRASHオリジナルメンバーのジムがやっていたパンクショップ「ジムズイン」のレーベルであるT.P.C RECORDSから前述のソロシングル「FINAL DAYS」を発売するが、ライブをやらずにすぐBAD LOTSになっている。86年にGHOULを解散し、間髪を入れずにソロシングル、そして夏にはもうBAD LOTSとして札幌へツアーに行くなどの活動を始めているので、約半年ほどの短い期間で次の活動に移行している。

この活発さを見ても、マサミがバンド活動にやる気があったのは明白であり、やはりGHOULではないものを求めていたのではないかと感じる。実際ソロ作品は、ハードコアというよりロックンロール主体の楽曲構成で、唯一GHOULの曲である「Oi! Oi!」が「MOTHER FUCKER」とタイトルを変更して録音されているが、この曲もGHOULの中で唯一と言っていいロックンロール調の楽曲である。メンバーにはのりをの他にも、THE LONDON TIMESのキーボートである亀ちゃん（CAPTAIN TINKERBELL）も参加するなど、かなりバラエティに富んだ作品になっている。

のりを「僕が弾いたのは、BAD LOTSって名前がつく前に、なんだかなし崩し的に始まったんですけど（笑）。それでいつからか知らないけどアクト君がやってきて（笑）」

ゴッタツ「たぶんBAD LOTSを結成したのはアクト君。でもたぶんアクト君は最初やってないと思うんだよ。最初に公に出たベースは俺なんだと思う」

ソロ作品ではドラムがGHOULのテツだが、BAD LOTSになるとGASの最終期でドラムをやっていたイチローがドラムを叩いていたと思う。筆者がにら子供のベースで、唯一のステージに立ったライブのメインアクトがBAD LOTSで、そのときのドラマーがイチローだったので、恐らくBAD LOTSの最初のドラムはイチローではないだろうか。

ゴッタツ「マサミ君が当時そのソロをセッティングするとき、『変わったことをやりたい』みたいなことを言ってたから。『いわゆるゴリゴリのハードコアじゃなくてさ』みたいなことを言ってたような気がするんだよね。だから、ギターがのりをになったのかもしれん」

こうしてマサミは、新たなバンドをスタートさせる。全ての始まりはGHOULの解散からであり、そこにはマサミなりの思いがあったと思うのだが、今となってはそれもわからない。GHOUL以降のマサミの活動を紐解くことで、その思いの一端を感じ取ることができるのではないだろうか。

第三章

汚れなき豚友達へ!!

BAD LOTSとL.O.X

#26

GHOUL解散後にソロ作品を出し、そのままBAD LOTSになりライブ活動を再開したマサミだが、BAD LOTSとしては作品を発表していない。マサミソロ作品である『POWER LINE X SHOCK LINE』のB面「SHOCK LINE」サイドが、メンバーも曲もBAD LOTSではあるが、BAD LOTS名義として発表された作品ではない。

THE LONDON TIMESとのソノシートでLONDON LOTS名義で『ビバ!!クリスマス』という作品も昭和62年（1987）に発売されている。このソノシートは1曲のみで様々な人間が参加しており、ボーカルも多くの人間が参加していて、その中のひとりとしてマサミのクレジットがあるので、企画ものの作品ではないかと思う。コーラスのクレジットにザ・ブルーハーツのヒロトの名前があるところを見ても、THE TRASHとザ・ブルーハーツ、THE LONDON TIMESがツアーを回ったあたりの時期ではないかと思われる。

この時期のTHE TRASHは、ヘルプベーシストとしてアクトが参加していたため、マサミの新たなる繋がりができていった時期でもあるだろう。THE TRASHの7インチシングル『虎祭音頭』でもアクトがベースを弾いており、キーボードにTHE LONDON TIMESの亀ちゃんを迎え、当時のTHE TRASHのライブにはキーボードも参加していた時期である。『虎祭音頭』の発表が昭和61年（1986）、LONDON LOTSが87年のところを見ても、この時期がザ・ブルーハーツ周辺とマサミが仲良くなっていった時期だろう。

ゴッタツ「その頃、のりをとかザ・ブルーハーツ絡みとか、THE TRASHとか仲良かったから、たぶんその流れでバンドを組んだんじゃないかなと思って」

のりを「うーん、まぁそうなのかね？ たぶん。家もみんな近かったし（笑）」

BAD LOTSは短い活動期間ではあったが、非常に活発にライブを行なっていた。

のりを「BAD LOTSで、ツアーはよくやってたかな。北海道とか秋田、青森とか。マサミ君はたまに、3カ月に1回ぐらいは大暴れはしてましたね（笑）。よくわかんない理由で暴れることはないですけどね。若ぇ衆がなんかをして、それで暴れるとか。後は地方は覚えてねぇかもしれんけど、新宿の清龍って居酒屋でお客さんとお客さんが揉め出して、揉めるのがすぐ終わんなかったので、マサミ君がガラスを割って大事んなって（笑）、火種の喧嘩以上の大事件になったり。渋谷の屋根裏があったときで、クリスマスかなんかのときに大学生みたいな通行人が、チャラチャラして誰かにちょっかい出してて『何やってんだ』みたいになって、どうも話だけでは埒があかんので喧嘩になったりとかね」

マーチン「BAD LOTSで運転して、1回だけ北海道に行ったね。札幌のベッシーホール。ヒロマツと俺とが運転手で行って。札幌で大雪食らっちゃって、怖くて室蘭からフェリーに乗って帰ろうってことになったんだよ。ヒロマツ運転で、そのときもフェリーの出発時間ギリギリでさ。ヒロマツが酔っ払って『うぇーい！』とかなってたのは覚えてる（笑）」

この北海道ツアーの写真を見ると、まだベースがゴッタツなので、86年だと思われる。そしてBAD LOTSにアクトが加入し、その後、元S.V.Sのドラムであったハイドが加入する。このメンバーになってから、マサミのソロアルバム『POWER LINE X SHOCK LINE』が発売されているのだが、このあたりの時期のメンバーは非常に混沌としている。LONDON LOTSの参加メンバーを見ても、当時の多くの交友関係からできた作品だと思われる。

札幌ベッシーホールでの初期BAD LOTS

ゴッタツ「悪い言葉で言えば、適当にやってたからね（笑）。それでメンバーがひょいひょい変わってたんじゃないかな（笑）」

BAD LOTS単体としては作品を作っておらず、『POWER LINE X SHOCK LINE』で、のりをやアクト、ハイド、LIP CREAMのナオキがメンバーとして参加しているので、BAD LOTS以降のL.O.Xに繋がる流れがこの時期に作られていたということになるだろう。

BAD LOTSで印象に残っているのは、前述した筆者がにら子供でベースを弾いたステージもあるが、86年11月に行われた、中央大学の学園祭も印象深い。GAUZEやLIP CREAM、THE EXECUTE、LAST BOMB、SYSTEMATIC DEATHなどの他に、第2期鉄アレイの前身バンドであるTHE MIDNIGHT TARAchan DEATH(DEATHと書いて、でしゅと読む）も出演していた、かなり豪華なメンツのライブだった。当時のこの季節は、大学の学園祭にハードコアバンドが呼ばれることも多く、様々な大学の学園祭でライブを観ることができた。

この日もLIP CREAMとBAD LOTSは2つの大学を掛け持ちのライブだったようで、先に他の大学でライブを終えたLIP CREAMが中央大学に到着した頃、BAD LOTSはLIP CREAMがやっていた大学へ行かなければならなかった。しかしBAD LOTSの中で、マサミだけが次の大学には行かず、中央大学に残っているではないか。当日は筆者も観に行っていたが、共演のTHE THE MID NIGHT TARAchan DEATHもその場にいたので、話を聞いてみた。

カツタ「あのときBAD LOTSがすんごい盛り上がってたのよ。マサミさんは『もう疲れたよ』とか言いながら車の上に乗っかったりしてて行かなくて『俺たちだけで行こうぜ』ってアクトさんとのりを君とドラムの3人で違う大学へ行ったんだよ。それで3人でライブをやったって言ってた（笑）。『行かない』って言われたら『ちょっと待って、一緒に行こうぜ』ってなるじゃん。でも『どうする？ じゃあ置いてくか』って普通に諦めてスタスタ行っちゃったからね（笑）。あのときに他の3人の態度を見て『マサミさんはちょっとレベルが違うな』って思ったよ」

ＲＹＯ「中央大のときは、楽屋の黒板に出演順のあだ名書いたりとか、いたずら書きしててさ（笑）。マサミさんたちダブルヘッダーだったんだけど、マサミさんだけ『行かねぇ』って言って残ったんだよな」

カツタ「マサミさんが車の上に乗ったりしてたから、大学教授に注意されたんだけど、教授殴ってたよ（笑）」

ライブ中にいなくなることはあってもライブに穴を開けることがなかったマサミが、この日はもう一方の学園祭ライブに行かずに中央大学に残っていた。別段調子が悪い風でもなく、一升瓶を持ちながら、いつものように酒を飲み、前述のカツタが言ったように車の屋根などに乗っていたのは筆者にも記憶がある。しかし、マサミは何故「ライブに行かない」という選択をしたのだろうか？ 恐らくマサミは、逮捕以外でライブに穴を開けたことはないはずだ。

のりを「なんでだったか、理由は覚えてないかなぁ。でも、マサミ君は爽やかに『このままここで盛り上がっちゃおうかなぁ』って感じだったという感触が蘇ってきてるっすわ。行った先のライブで、マサミ君目当てのお客さんに怒られた覚えはありますが、行かなかった理由は思い出せないです」

この日もまたGHOUL解散時のように、マサミの気まぐれだったのだろうか？ それにしてはBAD LOTSの活動期間が86年から87年の約1年という短さが気にかかる。

そして87年には『POWER LINE X SHOCK LINE』というソロアルバムを発表し、アクト、のりを、ハイドというBAD LOTSのメンバーに加え、LIP CREAMのナオキが参加しているところを見ても、また何か違う方向を模索し始めていた時期であったのかもしれない。

のりを「『POWER LINE X SHOCK LINE』は、ナオキ君とふたりでギターを弾いた。たぶんね、ナオキ君はナオキ君で、マサミさんとなんかやってたと思うんですよね。それでもう録音したのが半分ぐらいあったから。それでワシがどっかいってから、どっかいったというか、クビになったから(笑)」

のりをがクビになったという話は本人から初めて聞いたが、同じぐらいの時期に、ドラムのハイドも昔からの友人にひどい態度をとったということでクビになっている。

メンバーがいなくなったために、当時アクトやナオキが「手伝ってくれないか?」と、声をかけたドラムスが、アクトとナオキと同じ街に住んでいた当時XのYOSHIKIである。ここでMASAMI & L.O.Xの母体が出来上がった。この辺りの活動はマサミが主導と言うよりは、アクトやナオキ主導となって動いていたようだ。

基本的にどんなことでも、その場で対応できるマサミだったが、それはライブやボーカルに関しても同じだった。過去にはボーカルが来なかったために、ピンチヒッターで名前を書けないあのバンドで歌ったことが何度かある。ボーカルスタイルも今で言うインプロで、歌詞がないこともあるとは思うが、どんな音でも合わせることができたと、コンチネンタル・キッズのアキラも言っていた。

アキラ「確か法政だったと思うんだけど、THE FOOLSとやったときにマサミさんが来てて、ツインボーカルになったこともある。あとうちらは、京都大学西部講堂のすぐ隣の軽音楽部に練習を週に3回入ってたのね。そこに一回マサミさんがきて『セッションしようよ』みたいになって。コンチの曲でマサミさんが歌うんだけど、どこで入って来ても、何言ってるのかわかんなくても、キーは絶対に合ってて『すげぇなぁ』っていうのを覚えてる」

こうしてどんな場合でも対応できる適応力のあるマサミが、L.O.Xのときに、今まで言ったことのないような言葉を吐いたのを、今でもマサミを慕う当時からの後輩である内野が聞いている。

内野「マサミさんの口から『L.O.Xをやるって話があるみたいなんだけど、急に言われてもできないよね』って言ってるのを聞いたことがあるんですよ」

マサミの思いは一体どんなものだったのだろう？　マサミソロから派生したBAD LOTSとその後の流れだが、1987年の終わり頃にマサミは自ら別のバンドを立ち上げている。SQWADの前身バンドとなるMISCREANTだ。このMISCREANTが、SQWADとなり再びGHOULになっていくのだが、そのメンバーとなった元鉄アレイの荒野が加入したきっかけが、非常にマサミらしいものであった。

荒野「俺がヨーロッパ行って帰ってきたときに、豊島公会堂かなんかでパンクのライブをやってて行ったんだよ。久しぶりに日本に帰ってきて誰かと喋ってたら、あっちからすっげぇゴツくなったパンパンの昔の友達が『おおー久しぶりー』みたいに走って来てくれたんだよ。それで嬉しいじゃん。『すっげぇデカくなったなぁ』って思ってたんだけど、俺んとこに来たときに、嬉しくて思いっきりハイキックを打っちゃったの。そしたらアゴに入っちゃって倒れちゃって『うわーごめーん』みたいな感じで（笑）。その瞬間にマサミさんが俺の肩を抱いてきて『おう、バンドやるぞ』って（笑）。マサミさんはいいとこ見てんなぁって（笑）」

BAD LOTSでもL.O.Xでも、GHOULとの音楽性の違いはあったが、メンバーとは仲良くやっていて、ツアーや普段のライブの打ち上げなどでも、まだまだ元気に暴れまわっていたマサミだった。ハードコアのライブの中心地が新宿アンチノックへ移ってからは、マサミはいつもアンチノックにいて、入ってくる観客にスタンガンをやったり、催涙ガスを吹き付けたりしていたが、存在だけで警備になるようなボディーガード的な役割も果たしていたのもこの辺りの時期だと思う。

しかし、何かの違和感があったのか、いつもの気まぐれが顔を出したのかはわからないが、マサミは新たなバンドを始める。このバンドは昭和63年（1988）に入ると、MASAMI & L.O.Xと並行して活動していくことになっていく。

MASAMI & L.O.X名義で行った渋谷LIVE INNでのライブポスター

#27 SQWADから再びGHOULへ

BAD LOTSがどのような形で終わったのかは定かではないが、マサミソロアルバム『POWER LINE X SHOCK LINE』で、BAD LOTSからL.O.Xへ繋がる流れができていたことは確実である。のりをとハイドがクビになり、LIP CREAMのナオキとXのYOSHIKIが参加する中で、アクトが別にやっていたバンドのORANGEの3つのバンドの頭文字をとり、バンド名がL.O.Xとなる。

このバンドでの活動期にはMASAMI & L.O.Xという名義で関西方面へのツアーなども行なっている。このツアー時のギタリストには、元MOBSのジョータローも参加しており、マサミは新たに荒野やフェイマスといった人間とMISCREANTも結成するなど、この時期のマサミの活動は様々な形で進行していた。

他にもこの時期、マサミはBEAR BOMB、テツ、ジョータローでGHOUL2の活動も始めているところを見ても、GHOULを解散した後、マサミの思うように活動した結果、やりたいことが本当に見えてきて、様々なことを模索していた時期とも言えそうである。全てはGHOUL解散後に、新たな音楽性で活動した結果、マサミが自分なりの答えを導き出したということではないだろうか。

BEAR BOMB「GHOUL2っていくつもやってると思うけど、たぶん最初のGHOUL2は、俺とジョータローとテツとマサミっていうのだったと思うんだよ。ライブの写真もある」

ここでBEAR BOMBとテツという、GHOULのオリジナルメンバーと活動しているところや、荒野とフェイマスと始めたバンドのMISCREANTを見ても、一度ハードコアではない音楽での表現も経験したマサミがたどり着いた答えとして、やはり原点であるハードコアパンクに戻ったのではないかと考えられる。BAD LOTSやL.O.Xを経たことで見えてきたものがあり、その上でメンバーを探していた時期でもあるのだろう。その理想的な形として最初にやったのが、GHOUL2であるのかもしれない。

しかし、BEAR BOMBはすでにLAST BOMBとして活動しており、ジョータローもこの後、大阪に帰ってしまう。そこで新たにMISCREANTを立ち上げたのではないだろうか？　全ては昭和62年（１９８７）の終わり頃から、昭和63年（１９８８）にかけてあたりの出来事だと思われる。

荒野「俺から見たら、マサミさんはかっこよすぎて喋ったことがないような大先輩だし、最初っからレジェンド枠じゃん。遠いんだよやっぱり。違うっていうのがわかるじゃん。ヨーロッパから帰ってきて2、3日後だから俺も知らないんだけど、打ち上げにYOSHIKIとかいたよ。『ああ、YOSHIKIかっこいい』って（笑）。マサミさん、俺違うんだけど、こっちじゃないと思うけどねって（笑）。でもまぁいいかって一緒にやることになった」

フェイマス「俺はＲＹＯに『ベース募集してるバンドはないか？』って聞いたら、荒野がマサミさんとやるって言うので、荒野の連絡先を聞いて連絡してやることになったんだよ。それまでにGHOULとTHE TRASHのライブを千葉で企画したりとかで、マサミさんも俺のことは知ってて、あの人、別に細かいこと言わないじゃん。それでベースをやることになったんだよね」

荒野「MISCREANTは『motörheadなロックをやろうぜ！』と始まったけど、アクトさんがフェイマス君をからかいすぎて（笑）。俺もマサミさんも。『次、いろいろ試そうか！』と、メタルにいた怖そうな男に声かけたら『喧嘩なら負けないけど？』って１００点満点の返事。それがネモト。鉄アレイのギグで俺のパンチをよけて打ち返してきた男に声をかけたら『日拳（日本拳法）から国際式（ボクシング）に転向した坂本です！　ジャン・ジャック・バーネルが好きです！』って最高の自己紹介を聞いて、マサミさんが爆笑しながら『坂本キューちゃんかっこいいベース頼むぞ！』ってやることになったんだけど、すぐにバイク事故で逝っちゃった。マサミさんは『解き放たれたいんだよ』って言ってて、下北の屋根裏でのレコーディングも『解放だろ！』って。それでSQWADの7インチソノシートのタイトルが『SET FREE ME OUT ROCK YOU OUT』」。

こうしてマサミは新たにハードコアバンドを結成し、その後、L.O.Xでの活動は自然消滅のような形でなくなっていく。ここからMISCREANTを改名して活動することになるのだが、荒野以外のメンバーも変わり、ベースにモンテス、ドラムにネモトというラインナップで固定してSQWADとなる。

ネモト「マサミさんに最初に会ったのは、L.O.Xが新宿ロフトでやってたとき。その前に荒野と知り合って『GHOULでドラムを叩いてくんねぇか』って言われて『GHOULってあのGHOULでしょ?』って。俺、ハードコアとかには全然知り合いいねぇから。そんで『ああ、じゃあやらしてください』かなんか言って『やってるからおいでよ』って言うから行ったら、いきなりマサミさんに『お前かネモトっつーのは！』とか言いながら腹をボコーンって殴られて、失礼な人なの（笑）。それで『すぐツアーがあるんだよね』とか言われて。1カ月後とかじゃなかったかな？ それで当時アンチノックにあったスタジオに、週4回入ってたんだよ（笑）」

この後、ギターにMUTTCHAを迎え、荒野がベースになり、ドラムにネモトというランナップで活動していた時期になるだろう。88年から89年夏頃の話になると思われる。

MUTTCHA「その前からマサミさんとは仲良くて、すごく優しくしてくれるから、しょっちゅうギターを弾いたりとかしてて。そしたらマサミさんがあるとき『MUTTCHAのギターは、今までやってきたギターで一番かっこいいわ』って言われて、俺、今までギターやってきてよかったなって。もうこれだけでやってきた甲斐があるわって。マサミさんは全然スタジオに来ないから不安で、マサミさんに『いついつスタジオだから来てくださいね』って初めて誘ったら『ムッチャ。大丈夫や。たかがロックや』って（笑）。いや俺はロックが全てだったんだけど、まぁそうだよな。ロックがなかったら死ぬわけじゃねぇなって思って（笑）。そんなのマサミさんしか言えねぇなと思って（笑）」

「たかがロックや」という発言は、偽りなきマサミの思いだとは思うが、ここまで様々なマサミを取材して調べていると、マサミのお茶目な面での発言だとしか思えない。筆者にはどうしても、これはスタジオに来ない言い訳にしか聞こえないのだが、恐らく筆者の想像通りだと思う。

ネモト「俺はマサミさんと3年弱ぐらいやってたかな？ 西部講堂で倒れたときのツアーの後、もう一回、POISON ARTSと行ってるの。それが俺が行った最後のツアーかな。夏だね。最後、新潟かなんかに行って、その頃はもう、ちょっと大人しかった。だってもうボーッとしてるもん。歌えないし、曲もわかってない感じだったね。でも演奏と歌が合ったときには『おお!!! マサミさんだ!!!』って思うときがあるんだよな」

SQWADで最初のツアーの頃には、まだマサミにツアー中にとんでもないいたずらを平気でやるような元気はあったようだ。

ネモト「何回か殴られてるもん俺。揉めてるときとかに『やめろ！』って止めようとしたんだけど、絶対あの人、俺のことを狙って殴ったもん（笑）。肘で首絞めるんだよあの人。あれ痛ぇんだよ（笑）。でもそれで『やめろ、やめろ』って止めてんのが弱々しかったりするじゃん」

カッタ「天皇が死んだときに、急遽、三日三晩京大西部講堂でライブイベントが行われて、俺が運転手で行ったんだよ。俺はマサミさんに早く寝てほしいから、ウイスキーとか何本も盗んで渡してたんだけど、寝てくれなくて（笑）。それでクラウンかなんかのセダンを借りて行ってたんだけど、150キロぐらいで飛ばしてたら、後ろの座席から目隠しされたんだよ（笑）」

ネモト「ああ、やってたやってた。そんときは『ふざけんじゃねぇぞ！ 死んじまうじゃねぇか！』って、俺とかが真剣に怒って（笑）。危ねぇよ、本当に。俺もツアーで運転してるときに、運転席の後ろから首締められたわ（笑）。それが何回かあるからさ、死ぬ思いだよ（笑）。でもマサミさんは死ぬとかそういうんじゃないんだよ。『暇だなぁ首締めちゃお』みたいなさ（笑）」

ＲＹＯ「ツアーで一緒に九州行ったときにさ、みんなで一軒の家じゃなくて別れて泊まるじゃん？ それで出発かなんかで移動するときに『マサミさんがいない』ってなったんだよ。それで軽い騒ぎみたいな感じになって、みんなで探したら、マサミさんがひとりで見ず知らずの寿司屋にいて、寿司を食ってたんだよ（笑）。それで行ったら『シャコ食う？』って（笑）。俺はそこで初めてシャコってものを食った気がするんだよな（笑）。なんで発見されたのか、誰が発見したのかもわかんないんだけど」

こうして活動していたSQWADだったが、GHOULに改名するときが訪れる。

MUTTCHA「モンテスがいろんなとこでマサミさんの名前を語ってやらかしてたみたいで、荒野君が『ふざけたことばっかやってるから、モンテスはもうクビにしようと思ってる』なんて話をしてて、『MUTTCHAがギターをやるなら、俺がベースでやるから一緒にやろうぜ』って言われて何回かスタジオに入ってたの。そのときは本当にみんな仲良かったから、スタジオで『バンド名どうする?』って話になったときに、マサミさんが『このメンバーならGHOULでやろう!』って言ったんだよね。そのとき3人とも『マジ?!』みたいな感じだった。モンテスをクビにして新しく始めたのがGHOULになったってことだね。『俺らのこのメンバーでGHOULでいいのか?』って葛藤もあったけど、正直嬉しいし、ましてやマサミさんが言ってるし、GHOULって名乗るならマジでちゃんとしないとって」

そして、SQWADからGHOULに変わる瞬間がライブで行われた。

MUTTCHA「SQWADの最後のライブを『乗っ取りライブみたいな感じにしようぜ』ってなってさ(笑)。下北の屋根裏なんだけど、SQWADの曲が終わって俺がギターを持ってステージに上がって入れ替わって、荒野君もベースを持って入れ替わって、マサミさんがそのときに『今度からGHOULだ!』みたいなことを言って、GHOULの曲を演奏し始めて何曲かやったんだよね」

こうしてSQWADから再びGHOULになる。そしてこの時期にはツアーも積極的に行い、ライブも数多くやっていたが、マサミの身体はすでに病魔に侵され始めていたと思われる。

荒野「一回ゆかりちゃんが企画してくれてコピー大会をやったときに、マサミさんが『荒野、俺は泉谷しげるをやりたい』って言ったんだよ。『激しい雨に打たれ　男がまた死んだ』って歌があって(「褐色のセールスマン」)、それをマサミさんの家で俺に聴かせるわけ。『いいよ。死に歌は嫌だ』って言ったんだけど、そのときはカズシ君にギターを弾いてもらった。マサミさんはすごく丁寧に泉谷を歌ってたね。でもあの頃はもう体調が悪くて、すぐ具合悪くなっちゃうから」

カズシ「ああ、泉谷しげるのヤツ……なんとなく覚えてるけど、急に決まって、その場でコード進行だけ確認してやったんだったと思う。そもそも俺は曲を知らなかったし」

ゆかり「最後の頃さ、打ち上げの後、フラフラしながら街で喧嘩になって、見ず知らずの若い子に殴られて救急車で病院にってことが2、3回あったんだよね。救急車で運ばれてもすぐに帰ったんだけど。そのときはマサミさん、自分で喧嘩ふっかけたという感じではなかったな。1回は友達といて街で若い人と喧嘩になって、マサミさんが友達に『どうした？』って近づいたら、若い子がいきなりマサミさんを殴ってそのまま倒れて……気づけばその友達はいないし（笑）。マサミさんは酔ってフラフラだし。体細くて軽いでしょ？　マサミさんもまさかいきなり殴られると思っていなくて、何も構えなかったのか、踏ん張れる感じじゃなくてね」

ネモト「でも1回目のツアーのときはまだ大丈夫だったね。それで名古屋が終わって大阪に向かってるときにさ、俺ずっと運転してるから、昼間走ってたらマサミさんが『ネモちゃん！　止めて！』って言うから、『何？』とか言ったら、『酒買ってくる』って（笑）。高速走ってんだよ？　『売ってねぇから！』って言っても『ちょっと待ってくれ』とかずーっと言ってんだよ（笑）。『ないから！　売ってるわけないじゃん！』って（笑）。そしたらだんだん元気がなくなってきて（笑）。それで倒れたのが、2回目か3回目のツアーの西部講堂だったな」

体調も思わしくなくなっていたマサミが、ライブでも普段でも元気がなくなっていくのが、筆者などから見ても手に取るようにわかったのもこの頃だった。しかし、マサミが街の喧嘩でやられてしまうという信じられない事実を見ても、すでに病魔がマサミの身体をかなり蝕んでいたのではないだろうか。

マサミが倒れた日1

#28

今思ってみると、初期GHOULやBAD LOTSのときとは比べ物にならないぐらい別人かと思うほど、この頃のマサミは傍から見ていても明らかに元気が無かった。ライブハウスで目立つようなこともなくなり、いつも酒を片手に静かにしていた。

当時の筆者の感覚で言えば、確かに元気はないのだが「マサミに限って何かあるわけがない」といった感じで、何も心配はしていなかった。元気がないのは、バンド内の関係がうまくいってなかったからではないかと思っていた。実際にメンバーがマサミに強く当たっている場面なども見ていて、当時のGHOULの雰囲気としてマサミの疎外感的なものも感じられたのは事実である。

荒野「その頃、マサミさんは体力的にも落ちてるし、泉谷の楽曲を地で行っちゃう感じ。音楽なりなんなりでマサミさんを活かせる人がちゃんと横にいて『マサミ』って見え方をちゃんと成立させるべきだなって。でもそれ以前に飯食わねぇし、声も出ない。それはパフォーマーとして失礼だしすごく寂しい。そこを見たいとは誰も思ってないよって。俺たちは言葉でやりとりする人間じゃねえから『しっかりしろよ!』って怒鳴ってたんだろうね」

ネモト「歌ってくれればよかったんだよ。ちゃんと。でも、毎回違かったりさ。やっぱりバンドって、まず先にボーカルじゃん? それが訳わかんねぇことやってたらさ、『ちょっとなぁ』ってなっちゃう。こっちはずっと頑張ってんのにさ。それがずーっと溜まってたんだろうね。それであの人もちょっと弱って来た感じになってたから、確か『じゃあこのツアー終わったらやめるよ、俺』って言ったんだよ。俺らは血気盛んじゃないけど、元気なときだからさ。体調が下り坂のマサミさんが、余計に大人しくなっちゃったのかもしれない。みんなおかしかったじゃん? 喧嘩ばっかしてるしさ。俺もちょっとやるときもあったしさ。マサミさんが『俺の出る幕はねぇな』ってのがあったのかもしれない」

MUTTCHA「俺が辞めたのは、元は演奏面で揉めたことかな。仲が悪いってことじゃなくてね。荒野君には『俺、こんなんだったら辞める』って言ってて、マサミさんにもそう話してたの。マサミさんには、それに関して何か言われたって記憶はないかな。しょっちゅうそういう話はしてたけど、決まってるスケジュールはやるって感じにみんななってたから。それで辞めたんだよね」

荒野「俺はムエタイをやりたくなっちゃって、タイに行ったんだよね。その頃のマサミさんの状態は、まずはロックができる人？　ブルースギターを弾ける人とじゃないと、泉谷的な表現をマサミさんができないんじゃないかという感じだった。それは俺じゃねぇなぁって」

こうしてネモトがやめ、荒野もやめ、MUTTCHAも辞めていく。

ネモト「あの頃、しょっちゅう毎週のようにライブをやってたじゃん？　だからずっと一緒に居るから、そんな変化はちょっとわかんないじゃん。でも考えてみると『やっぱり怒ることも怒鳴ることもなくなったなぁ』とかさ。最後の新潟とかはもう、俺がテーブルひっくり返してバーン！とかやってたら、マサミさんは別の場所に行ってひとりで飲んでたよ。でもあの頃は俺、自分のことだけで、付いていくのが精一杯だったからなぁ。今までいた不良とは違う不良の人たちがいるからさ。もうどうしようって。いつやられるかって思ってた」

ひとりになり、体調も思わしくなかったマサミだったが、活動を止めることはなかった。そこで再びGHOULとして活動を再開するのだが、そこにいたメンバーは、GHOUL初代ドラマーのテツであった。自らの身体がどうなっているのかはもうすでにマサミ本人もわかっていた部分もあったはずである。そこでマサミが選んだものは、泉谷なりのロック的なアプローチではなく、やはりハードコアだったというところに、マサミの人生が表れている気がしてならない。

マサミの体調は悪化の一途をたどっていたが、平成2年（1990）3月15日、GHOULは当時名古屋の今池にあったライブハウスのオープンハウスでライブがあるために、車で名古屋に向かった。

車はメンバー全員と同行者の女性Sを車に乗せ、最後にスタッフとも言える存在の女性、ゆかりの家へ迎えに行った。ゆかりはその場になり、体の調子もあまり良くなかったために「やっぱり今日は行かない」と言って同行するのをやめる。ゆかりによると、車内にいたマサミは元気がないように見えたが、最近いつもそんな感じだったので、気にはなっていたが大丈夫だろうと思い「じゃあね！　行ってらっしゃい」と、マサミやメンバー、同行者に声をかけると、車は出発して行った。しかしゆかりは、明らかに調子の悪そうなマサミを見て、同行の女性に「マサミさん、調子が悪そうだから、何かあったらすぐ電話してね」と告げることは忘れなかった。

テツ「マサミちゃんを迎えに行ったときから、体の調子が悪くて前の日から一睡もしてないし酒も飲めないって言うんだよな」

しかし、マサミ抜きのGHOULなど想像することさえ難しい。当時の感覚で言えば、いくら体調が悪いからといっても、よほどのことがない限りライブを休むことなどありえない。マサミは体調が悪そうにはしていたが、テツも周りの人間たちも、いつものことだろうと思っていたようだ。

テツ「『車で酒飲んで寝てりゃいいじゃん！』ってビール渡したんだけどさ、名古屋に着いた頃でもまだほとんど飲んでなくて、かなり調子は悪そうだった」

当日のライブは京都のザ・コンチネンタル・キッズとの2バンドによるもので、他に対バンはなかったという。オープンハウス到着後に、リハをやったかどうかもおぼろげな記憶であるというテツだが、対バンであったザ・コンチネンタル・キッズのギターであるシノヤンと、ボーカルのアキラ、ドラムのイソベーが当時のことを振り返ってくれた。

シノヤン「リハやったけど、元々ちゃんとやんないから（笑）」

アキラ「俺が覚えてるのはうちらが車の中で着替えてたときに、マサミさんがウイスキーのボトルを持ってフラフラフラーって来たから『マサミさん、お疲れっす』って言ったら、マサミさんがフラフラで『あぁ、アキラお疲れ』って言ったのは覚えてる」

イソベー「リハやった後にマサミちゃんが調子悪そうにしてたから『飲みが足らんのや！』とか言うて、その後飲んどったんよね」

このライブ前の時点でマサミは、フラフラではあったがなんとか喋れる状態で、いつもよりだいぶ控えめではあるが、虚勢を張ることもできる様子ではあったようだ。しかし、本番が始まる頃には、マサミの体調が悪すぎて歌える状態ではなかったという。

シノヤン「マサミは関西に来るとずっと俺のとこにいて、いつも一緒にいたんだけど、いつもは酔っ払うまで会話は普通にできる状態だった。でもそのときは、普通の日常会話ができない状態みたいな感じやったね」

アキラ「ライブ前から調子悪そうにはしてて、いつもとは違う感じで変に優しかった。俺が見たときはひとりでボトル持ってフラーっと来て、フラーっと戻って行ったのが俺の記憶。変に優しかったから『どうしたのかな?』とは思ったけど」

シノヤン「ただ、ああいう人だから酔ったらめちゃくちゃで、そのめちゃくちゃなとこを知ってるから『ずっと飲んでたのかな?』みたいな感じだったのよ。目も目線が合わないっていうか虚ろで、普段とはだいぶ違う感じで、ちょっと尋常じゃないっていう感じだったんやけど、あの人が倒れるイメージがないから、おかしくはなってると思っても、正直倒れるとかそんな気持ちは全然なかったのよ。そういうイメージじゃなくて『あなためちゃくちゃ酔ってるね』みたいな?　それかなんかキマっちゃってんのかな?みたいな感じで思ってたんやけどね」

SQWADのときに一緒にツアーを回った、当時、鉄アレイのカツタは、その時期のマサミについてこう話している。

カツタ「SQWADで荒野がギター、モンテスがいて、ネモトってメンバーで北九州まで行ったのは覚えてる。もうそのときのステージでは歌もろくに歌わず、立ったままマイクスタンドを高くして、上からマイクをぶら下げるみたいな感じで、上向いてウオーって感じでほとんど歌ってなかった。元気がなかったね」

ヒロシも、マサミが倒れる前に、マサミと遊ぼうとして電話をしている。

ヒロシ「マサミが最後に倒れるツアーの何日か前に、新宿二丁目のブギーボーイって店で遊んでたんだけど、ダチのクール・アシッド・サッカーズのナオがＤＪやってたから、マサミに来ない？ って電話したんだよ。そしたら『うん。行けたら行くよ』って。普通だったら来るんだけど『あれ？ 来ねぇな？』って結局来なかった。たぶん、すげぇ体調悪かったんだね。その後ホントに一週間も経たないうちにツアーで倒れたから」

このぐらいの時期にも、マサミはジムの店である原宿のジムズインへもよく顔を出していたようだ。

ジム「マサミは原宿に住んでたしね。近いからフラフラよく来てたよ。マサミと最後に会ったのは、倒れる名古屋のツアーに行く前の日にアンチノックで会ってさ。マサミが『帰って来たらＴシャツ出したいから、ジムんところ行くから打ち合わせしようね』って。それが最後だったんだよ」

倒れてしまう以前からマサミには体調の問題があったことが多数の証言から窺える。常人であれば通院、もしくは入院治療が必要なほどの体調であったのだろう。恐らく本人も、体の異変が尋常ではないことはわかっていたはずである。しかし、ヒトという動物としての本能すらかき消すように、まるで死など恐れず酒を飲み、ライブのステージに立ち続ける。それがマサミという人間の貫き通した生き方だった。

マサミが倒れた日2

#29

マサミと酒は切っても切れない間柄であり、ライブハウスでのマサミは、常にウイスキーのポケット瓶やビールを持っていた。ライブ後の打ち上げにも必ず行き、それだけでは飲み足らずに友人の家まで行き飲み続けることもザラにあった。

ヒロシ「夜からライブやって打ち上げ行って飲んで、マーチンの家に行って朝までとか飲んでんだけど、みんな倒れて寝るじゃん。それでマサミと俺とふたりで『みんな起きないねぇ～』って飲んでて、夕方みんな起きるじゃん。そうすると『起きたか！』って飲み出すんだよ。

それほど酒が好きで酒量も多く、常に酒を飲んでいたマサミだったが、確かSQWADの頃に、筆者がライブハウスでマサミがいつも手に持っていたビールを「マサミさん。そのビールひと口ください」と言って飲ませてもらったことがある。このとき、ひと口もらったビールは、蓋を開けてかなりの時間が経っていたらしく、完全に炭酸が抜けてぬるくなっていたものだった。それもほとんど減っていなかったところを見ても、かなり体調が悪く、常に飲んでいた酒も体が受け付けなくなっていたのかもしれない。

その頃の時期だったと思うが、新宿アンチノックの上で、荒野がマサミに激しく問い詰めている状況を目撃したことがある。当時、元気がなかったマサミとはいえ、マサミにあそこまで激しく問い詰めるというのは、よほど何かがあったのだろうと思っていた。

荒野「だってしょうがないじゃん。飯食わないんだもん。飯食えって言ったんだよ。調子悪すぎるよ。ツアー先で倒れちゃうんだもん。最後、名古屋で倒れてるんでしょ？　それの前の西部講堂のときもそうじゃん」

名古屋で倒れる以前にも、マサミは倒れたことがあったようだ。そのときの様子をネモトはこう語る。

ネモト「昭和天皇が死んだときかな？　それかその後の京大の西部講堂のライブでリハしてたときに、マサミさんが泡吹いて倒れちゃったんだよ。サングラスしてるじゃん？　それで目の近くとか切っちゃって、血も出て泡吹いちゃってさ、顔が真っ青じゃなくて真っ白になっちゃって動いてねぇから『これはマジでヤバイ』と思って。なんかてんかんみたいな感じ？　でいきなり倒れて『これはマズイんじゃん？』と思って救急車を呼んだんだよ。それで救急隊が来て病院に行きますってなったときに『俺は行かねぇんだよ』って言ってさ」

ネモトはリハのときと言っているが、MUTTCHAによると違う場所で倒れたという。

MUTTCHA「みんなで西部講堂の近くにあったキャンパス内の広い食堂で食事をとってたときに、突然マサミさんが『ウオッ』て叫んで椅子からぶっ倒れたんだよ。『ドンッ』て音させて頭も打ったし、目も虚ろだったから救急車を呼ぼうとしてたんだけど、そのときに待ち合わせしてたシノヤンが来て、マサミさんに『マサミちゃん大丈夫？』って聞いたんだけど、虚ろだったからシノヤンが救急車の手配をしてくれた。でも救急車が来てもマサミさんは病院には行かないって頑なに言うから、結局病院には行かなかったんだよ。ただ、みんなすごく動揺したし、ずっと動揺してた。それでもマサミさんは、最後まで倒れずに歌い続けてたのは覚えてる」

この頃以前には、マサミが食事をしている姿を見たことのある人間は友人の中でも非常に少なく、まともに食事をしているマサミの姿を知る人間はごく限られた友人だけであった。

MUTTCHA「その頃ぐらいから会う度に『何でもいいからちゃんと食べて』って言ってたんだけどね。毎回しつこく言ってたから、さすがに一緒にいるときは食べてくれてたんだけど」

筆者もマサミが食事をしている姿をほとんど見たことがない。打ち上げなどの飲み屋で、軽いつまみでレバ刺などを食べているぐらいだった。筆者がマサミの家に泊めてもらったときにうどんを作っていたのだが、それもほんの少し食べただけで、飼っていた猫にあげていた記憶がある。

マサミは料理好きで腕前も相当なものだったが、自分で食べるよりも、人に食べさせることに喜びを感じていた。筆者も何度か食べさせてもらったことがあるが、左手で包丁を持って器用に魚をさばく姿が今でも思い出せる。

ヒロシ「あいつあんまり食わないんだよ。一緒に飲んでてちょっといなくなったと思ったら、さっと何か作って持ってくるんだよな」

マーチン「食べさせるの大好きだよね。器用だった」

カズシ「それで『ウマイ!』とか言うとニコニコしてね」

飯もほとんど食わずに酒を飲み続けていたマサミは、この時期以前にも、病院に入院させられたことがあったようだ。

カツタ「俺、寝間着を着て歩いてるマサミさんを竹下通りで見てさ、確かスリッパだった。『何してんですか？』って聞いたら『うーん、病院抜けてきたの』って。寝間着だったよ本当に。まさにその通りですねって（笑）。クイックイッてポケ瓶飲んでたね」

マサミの体調は、だいぶ前から日を追うごとに酒に蝕まれていたと思われるが、いくら体調が悪くなってもマサミは酒を飲み続け、ライブをやり続ける。常人では入院以外に方法がないほどの体調の悪さでも病院には行かず、病院に連れて行かれても抜け出してきてしまう強さが、マサミの寿命を縮めてしまったのかもしれない。

最初に友人の前で倒れた、西部講堂でのライブのことを聞いてみた。

ネモト「それがリハで倒れた後なのに、ライブやったんだよ。フラフラしながら。『えっれぇ根性あるなこの人！』と思ってさ。俺だったら絶対無理だよ」

そんな状態だったにも関わらず、無理を押してバンドとライブをやり続けていたマサミだったが、その限界を超えたときに名古屋オープンハウスでのライブ本番を迎える。マサミの体調は最悪となっており、歌うことなどとてもできる状態ではない。しかしライブが始まったために、マサミはステージに出て行く。しかしあのマサミが、立っていることさえできないというではないか。

テツ「ライブはステージで座ったままだった。ステージの地べたに座ったままで、後の方で椅子を持ってきたかな？ 何しろそんな感じで、全く歌うことなんかできないから、曲も少なくして早めに終わりにしたんだよ」

そのライブを観に行っていた人間にも話を聞くことができた。

観客A「最初から最後まで椅子に座ったままで、歌いもせず目も虚ろ、非常にガッカリした覚えがあります」

観客B「結構客も来とったと思うけど、そんな感じのライブだったもんでブーイング的な感じで。暴動まではいかんけど、かなり不評だったと思う」

観客C「ライブ途中に急に歌うのをやめて、椅子に座り込んだと思う。目を大きく見開いて丸椅子に座り込んで、呆然とまっすぐ前を見つめたまま固まっていたけど、背筋はまっすぐにしていたと思う」

ライブではメンバーであるUP TESTのギターをやっていたクンジとベースのモーフィーが、盛り上がらない客を煽っていたようだが、マサミの体調はライブどころではなかった。

シノヤン「マサミが演奏中にトイレに入っちゃったんよね。オープンハウスってライブハウスは楽屋がなくて、いつも近くに機材車を停めて、ライブが終わったら機材車に戻って着替えてるような店でね。２マンでやってて、うちが先にやって外で着替えてたら、顔見知りの客でそこにいたやつらが機材車のところに来て『マサミさんがトイレに入って出てこなくなっちゃったんすよ』って言われたんで『あれ？ どうしたんだろう？』みたいな感じになってみんなで行ったのよ。トイレとステージが向かい合ってる形で、その間が客席で、ライブ中に客の中に割って入ってそのままトイレに入って出てこなくなっちゃったって」

マサミがライブ中にいなくなってしまうようなことは、それ以前にもGHOULの関西初ライブの京都アビエックスや「極悪ツアー」での京都磔磔と函館でもあったが、体調が悪いという理由ではなく、完全に遊びの楽しくて仕方がないいたずらや、マサミ特有の気まぐれのようなものだった。その後のライブでは、ライブ中にいなくなってしまうようなことはなかったという。

ネモト「俺がやってたときにライブに来なかったとか、ライブ中いなくなったことはないな。なかなか出てこないことはあったけど」

しかし、この日の様子は、今までのマサミとは全く違っていたようである。

シノヤン「そこから記憶が曖昧なんだけど、確かトイレから出て来てライブはやったと思うんやけど、なんかおざなりにホンマに適当に終わったみたいなライブで、もうできない感じでうやむやに終わったと思う」

通常であれば、即入院治療が必要な状態であったはずだ。しかしそれでもマサミは、まるでそこが死地だと言わんばかりにステージに上がり限界を超えてしまったのだろう。いや、もうすでに限界などとうに超えていたのに、止まれば死んでしまう鮫のように、本能で動き続けていただけなのかもしれない。

#30 マサミが倒れた日3

名古屋オープンハウスでのライブ終了後に、ドラムのテツと飲みに行った名古屋のバンドである元The バーナムのボーカルだったトールはこう言っている。

トール「実はその日初めてテツと喋ったんよ。それまで話したことなかったんだけど、テツが『歌えないマサミさんとは、一緒に飲んでられねぇ』って怒ってて、打ち上げとは別に飲みに行くって言うから、『じゃあ俺も付き合うよ』って感じで付いて行った」

その日のライブの打ち上げは、ライブをやったオープンハウスで行われていたので、テツとトールは別に飲みに行くこととなる。オープンハウスの打ち上げにいて、名古屋に行くバンドがみんなよく泊まっていた家の女性Mはこう言っている。

M「ライブ終了後の打ち上げはオープンハウスでやっていて、そこで飲んでいたマサミさんだったけど、『体調不良のために大事をとって休みたいので、先に部屋で横になっていてもいいか?』と、事後承諾だったけど、打診があったので即OKした」

東京から同行した女性Sは以下のような記憶だという。

S「打ち上げではマサミさんがすごく辛そうにしてて、全くお酒を飲まなかったのは覚えてる。始めのうちはみんなに気を遣ってたのか『大丈夫、大丈夫』と笑ってたけど、東京出発の時点でずっと辛そうだったから、かなり我慢してたみたいで。お酒も飲めなくて具合も悪いので、少し外の空気を吸った方がいいかもという感じで、打ち上げ会場から出て上の階のロビーみたいな所の長椅子に座ってた。それで『もうダメだ。我慢出来ない』みたいなことをマサミさんに言われたと思う」

あれだけ好きな打ち上げでも全く酒も飲まずに途中で抜け、近くにある部屋で休まなければならないほどの体調悪化であり、立っていることすらできない様子が窺える。限界に達したマサミは、今池にあった女性Mの部屋へ行き休息をとったという話が、ほぼ確実だろう。

他にライブハウスに救急車を呼んだという話もあったが、オープンハウスの店長やシノヤン、Mやトール、テツ、東京から同行の女性Sの話を総合すると、ライブハウス以外で救急車を呼んだと思って間違いないはずだ。しかし同行の女性Sは、一緒に救急車に乗っているのだが、マサミをMの家に運んだ記憶はないという。誰がMの家にマサミを運んだのか？ 同行していた人間は誰なのか？ 救急車を呼んだのは誰なのか？ 他のGHOULのメンバーやコンチネンタル・キッズのメンバーは打ち上げで飲んでいたらしく、マサミが休んでいた部屋の女性Mも朝まで飲んでいたのでわからないという。

このMの家は、ツアーバンドが行くといつも誰かが泊まっていて、人の出入りが自由な感じのため、家主であるMもいつものようにしていたのだろう。

M「打ち上げ後の飲み会まで流れて、トールの家に大勢で行った覚えがある。そのときに誰かが私の部屋の電話にかけたんだけど、誰も出なかった。トールの家で朝になって、まだゴロゴロしたり飲んでたんだけど、陽も出始めたのでそろそろ起きる頃かと思って連絡をしたら、誰も電話に出ないのでコンチの他のメンバーとも連絡を取り合ってみたけど、マサミさんの様子がわからない。それで心配になり『様子を見に行こう』ということになったと思う」

マサミの容態を心配したコンチのラン子が、まず最初にマサミの様子を見に行ったという話があるのだが、そのときのマサミの様子を聞いた人間によると

「寝ているのかと思って声をかけても何も反応がなく、意識が朦朧としていた。息はしていたが、かなり様子がおかしいので救急で病院に行った」

という状況だったようだ。

しかし、このマサミの状態を確認して実際に救急車を呼んだのはテツであると、その日テツと一緒にいたトールは言っている。

トール「俺とテツが別に飲みに行く前に、マサミさんには一番近くのMの家で休んでもらうのが得策だと、みんなが思っていたし、知っていたと思う。それで近所で一杯ひっかけて、落ち着きを取り戻した頃に『マサミさんの様子を見に行こう』って、Mの家に行ったんだよね。そこで具合の悪いマサミさんを見て、救急車を呼んだんだよね。向かった病院が俺の家の近くだったから、駆けつけやすいということで俺の家に移動して、そこから人が集まって来たと思う」

このことに関して、テツ本人は覚えがないという。何と言っても今から30年以上前の平成2年（1990）のことである。みんなの記憶が曖昧なのは仕方のないことであろう。しかし様々な人間の話を総合すると、以上のよう

な状況だったという可能性が一番高いと思われる。

こうして救急車で病院に運ばれることとなったマサミだが、一緒に救急車に乗った東京から同行した女性Sによると、救急車の中では意識があり喋れていたという。

S「救急車に乗ったのは記憶があるんだよ。初めて乗ったし、それ1回だけしか救急車に乗ってないから間違いはないと思うんだけど。救急車の中ではまだマサミさんに意識があって、会話したと思う。内容ははっきりとは憶えてないけど」

病院に着いた時点でも、まだマサミには意識があったようだ。

テツ「病院に運ばれたときはまだ喋れたんだよ。マサミちゃんはしきりに『喉が渇いた』って言ってたんだけど、最初は腹膜炎って診断だったから水を飲ますことができなくて、スポンジに水を含ませて喉を潤わせたりしてた」

病院に運ばれた当初の診断は腹膜炎。しかし最終的には急性膵炎ということで緊急手術となる。この時点で東京から同行していた女性Sが、東京にいるゆかりに連絡を取り、ゆかりは急遽名古屋まで駆けつけることとなる。

ゆかり「私が病院に着いたときは、もう手術が終わって意識は無かった。医者から説明を聞いて、一応そのとき先生からは『手術は成功で命はとりとめた』ってことを言われた」

テツ「手術が終わって医者と話してるときに、心電図の『ピコーン、ピコーン』って鳴るやつあるじゃん? あれが止まってさ。医者は気づいてないっぽくて、大丈夫なのか?とか思って、『止まってますよ』って言ったんだよね」

ゆかり「ああ、確かに止まった。それでかなりバタバタしたのを覚えてる」

筆者も急性膵炎をやったことがあるが、あの痛みは尋常ではない。立っていることはおろか、寝ていることさえも苦痛以外の何ものでもない。激痛が絶え間なく襲ってくるために大声で叫び声をあげ、動くことはおろか寝返りすらままならない。通常、急性膵炎になった場合には、ほとんどの人間が救急車で運ばれるほど、この世のものとは思えぬ激痛を伴う症状である。それでも筆者の場合は手術にはならなかったので、急性膵炎で手術というのは相当危険な状態であったと思われる。そんな状態でライブをやっていたなんて……。マサミの強靭さは、常人をはるかに超えたものがあると筆者は断言できる。

マサミが倒れた当初の話で、筆者が聞いたものや東京にいる友人や知り合いが聞いた話では「ライブ中に倒れ、そのまま救急車で運ばれ意識不明となった」という話だったが、実際はこのような状況だった。

当日一緒にライブをやっていたシノヤンに、この話を聞いてみた。

筆者「じゃあ実際はステージで倒れたわけじゃない感じなんですね」

シノヤン「でも事実上倒れたようなもんだよね」

常人であればライブどころか寝ていることさえ難しい、想像を絶する状態でステージに出て行ったマサミのすごさは、筆舌に尽くし難いものがある。

そして、今まで詳細のわからなかった倒れた日のマサミの様子を、マサミの叔母に伝えた。

叔母「本当にマサミらしいですねぇ。身体が辛いのを我慢して我慢して、みなさんと一緒にいたかったのでしょうね」

こうしてマサミは、そのまま名古屋の病院に入院することとなってしまう。

名古屋での入院から地元千葉への移送

#31

名古屋で倒れたマサミは、地元の病院に搬送され、緊急手術後に入院することとなってしまう。しかし、手術が終わった後でもマサミの意識が戻らない。何日経っても意識の戻らないマサミのもとへ、東京から続々と家族や友人たちが駆けつけるようになる。

カツタ「マサミさんが倒れて入院した直後に、名古屋の病院に行ったんだよ。俺とＲＹＯとマサミさんの弟がいて、あとゆかりちゃんも行ったんだよな。The バーナムのトールの家に2週間泊まり込んで、病院に毎日行ってた。それでも全然起きもしないし瞬きもしてないから、これじゃキリがないし帰ろうかってなったんだよ」

ＲＹＯ「そのとき俺は名古屋でライブもやってるんだよ。それと合わせて行ってると思うんだけどね。トールんちでアクトさんとかもいたと思うし。でも病院に詰めてはいたけど、マサミさんの姿を見た記憶はないんだよなぁ」

他にもヒロシやTHE FOOLS、ツアーで関西や名古屋方面に行った際に見舞いに訪れたバンドもあったようだ。

ヒロシ「倒れてスグに行ったけど、それ見てさ。脳死状態じゃない?」

ミノル「俺らもLIPでちょうどツアーだったんだよ。それでOUTOも一緒で、名古屋で倒れたっていうから行ったんだよな」

このときのマサミは腹水などもたまり腹が膨れ、身体中に管を通された状態で、意識不明のまま昏睡状態だったという。そしてその後、半年かもう少しの期間、名古屋の病院にいたマサミは、依然として意識も戻らず、そのまま名古屋の病院にいても家族の手が届かないため、実家近くの千葉県鴨川市の病院に移送されることとなった。

叔母「名古屋の病院も、マサミの命を助けるのにギリギリいっぱいだったんじゃないですかね。それで管を身体中に入れてお腹にも何本も管入れたりして。腹水もたまったりなんかしちゃって。その後、みんなが話しかけてくれても、一回も意識が戻らなかったんですよね。なんか話してて『ビクッビクッ』ってしたことはあったのかな? ちょっとはっきりわかんないですけど、私なんかも何日か名古屋まで行ったんですけど、そのときも意識はなかったですよね」

鴨川に移送されてからは、東京の友人たちもマサミの面会に行くことになる。

叔母「病院に夜中、YOSHIKIさんたちが来てくださったみたいで、お花を置いてくださってて。あの人たち目立つじゃないですか? だから夜中じゃないと来れなかったみたいで(笑)」

ミノル「俺、ナオキとRYOと一緒に一回、マサミが転院して千葉の病院に移ったときに行ったんだよ。見舞いに行ってその帰りに、マサミのお母さんだか親戚だかわかんないけど『ごはん食べて行ってください』って言われて、その人が料亭みたいなのをやってて、そこで鴨鍋を食わせてもらったんだよな」

RYO「ナオキ君が免許を取ったかバイクを買ったかなんかで、ナオキ君とミノル君と俺の3人で鴨川までバイクで行ったね。峠みたいなのを走ってたら、地元の人だろうと思うおばちゃんみたいなのが運転する軽自動車がめちゃくちゃ速いの（笑）。それでお見舞いに行って、帰りに俺がコンタクトが乾いて道端で取れちゃったら、地元の族なのかヤンキーなのかが『どうしたんすかっ！』みたいに来て『コンタクト落としちゃって』って言ったら『じゃあ探しますよ！』って（笑）。いいやつらだったんだよ。でも見つからなくて、ナオキ君かなんかのテールランプを的に見ながら片目でずーっと帰ってきた記憶があるね。鴨川のときはマサミさんの姿を見たんだよ。直で会ってる。動いたみたいな、反応があるとかそんな感じだった」

マユミ「マサミのお見舞いには、鴨川の病院へGAUZEのモモリンと元S.V.Sのヨミと3人で行った。病室の入口にお見舞いノートみたいなのが置いてあって、YOSHIKIのメッセージを目にしたかも。病室に入るとL字型にベッドがふたつ置かれてて、私は一目散に横になってるふたりの顔を覗き込んだんだけど、失礼な話、一瞬どちらがマサミかわからないくらい顔が浮腫んでて、マサミの顔が認識出来ない自分にびっくりした。呼吸器とかそういう機械系に繋がってる感じではなくて、普通に眠ってるような横になってる状態で、病室には脳の活性化のためなのかラジオが流れてたな。マサミの顔の近くで『マサミー！ 会いに来たよー！』って3人で交互に話しかけたら、眼は閉じてるし意識はないんだけど、眼球がすごく動いて『もしかしたらちゃんと私たちの声が届いてるんじゃないかな』って思ったな」

筆者は見舞いに行った友人から「見舞いに行って帰ろうとすると、意識がないはずのマサミが涙を流す」という話も聞いていた。そうしたマサミの状態を様々な人間から聞き、筆者はマサミのお見舞いには行かなかった。行けなかったのか、行かなかったのかが、いまだに自分でも曖昧ではあるのだが、憧れの存在だったマサミの状態を認めたくなかったのだと思う。

BEAR BOMB「俺、お見舞いには一回も行かなかったけど、それ見たらなぁ」

マーチン「俺も辛いから行ってないんだよね。それは心残り」

ヒロシ「名古屋は行ったけど、その後は行かなかったんだよ。それは心残り」

BEAR BOMB「それ見たら現実になっちゃうから。見てないから今でもマサミいるんじゃないか?って。原宿にいたころのマサミがいるんじゃないか?っていつも心の中にあるよ」

ヒロシ「帰ろうとすると涙を流すとかいう話はあったけど、そうかもしれないけど、わかんないんだよ」

急性膵炎という症状で手術というのは、かなり珍しい事例であると思うが、マサミの身体はそれほど酷い状態だったのだろう。

そして遂に、その日がやって来てしまう。平成4年(1992)9月26日未明のことだった。

汚れなき豚友達へ!!

#32

平成2年（1990）3月15日未明に倒れたマサミは、2年半あまり意識が戻らないまま、平成4年（1992）9月26日に千葉県鴨川市の病院で34歳の若さで息を引き取ってしまう。マサミの死因としては、意識が戻らず寝たきりの状態ではあったが、自発的に呼吸をしているところを見ても、膵炎が死因というわけではないと思われる。

叔母「なんだっけねぇ。肺炎だった……かな？ そのころは体に管も入れてましたけど、お腹はそんなに酷くはなかったかな。私は『元気になるかな？』とずっと思っていたから、結構ちょこちょこ病院には行ってたんだけどね。千葉の病院に来てからもずっとマサミについてたんですけど、こっちへ来ても2年ぐらいそのままでしたね。脳死状態だって言われて。でも人工呼吸器をつけてたわけじゃなくて、自分で呼吸してましたからね。だから動かない状態ではあるけれど『戻るのかな？』って。そういう状態でも戻った人を結構何人か知ってるから、戻るかなと思ったんですけど、戻れなかったですねぇ」

マサミの訃報は、瞬く間にパンクシーンに伝わっていったのが、ミノルや当時K.G.SであったT.Tの話でもよくわかる。

T.T「俺もその頃やってた仕事場に電話かかってきたもん。マサミさんが死んだって」

ミノル「俺とユウ（FORWARD、DEATH SIDE）と、九十九里のサーフィン大会の泊りがけの仕事に行ってて、そしたらユウの彼女から携帯なんかないんだけど電話があって、なんだろうと思ったら『ミノル君、マサミさん死んじゃったよ』って。それでまた親方がすげぇいい人で、千葉にいたから『おう！　すぐ行け！　友達が死んだんなら仕事より大事だろ』って、俺とユウがそのまま仕事抜けて行ったんだよ」

筆者もマサミの訃報を聞いた直後は全く信じられずにいたが、それまでの入院状態も聞いていて、いきなりの訃報で何がなんだかわからないまま、友人たちとともに車でマサミの実家へ向かったと思う。電車で行った覚えはなく、バイクで行った覚えもないので、当時は機材車を持っているバンドが多く、鉄アレイも筆者のバンドであるDEATH SIDEも機材車を持っていたので、恐らくそういった機材車に乗れるだけの人数を乗せて、マサミの実家へ向かったはずだ。

実家は「#01 実家全焼事件」でも書いたように千葉県夷隅郡の山深い場所にある集落の中でも、もう一段山の上にあるような、周りにほとんど家がない場所にあり、たどり着くのに苦労した記憶がある。マサミの実家に着いたのは、確かもう暗くなっている頃だったと記憶しているが、定かではない。通夜からマサミの実家に行っていた筆者たちだったが、ひっきりなしに訪れる弔問客で実家はごった返していた。

ミノル「マサミの実家に駅からタクシーで行ったんだけど、タクシーもメーター倒して『わかりません』って言っちゃっててさ。すれ違ったタクシーがあって、向こうにもパンクのやつが乗ってて、お互いのタクシーが『えーと？』とか言って相談しあっちゃうぐらいわかんない場所なんだよ。それでどこだかわかんないのを行ったらさ、遠くの方にトロージャンが見えて、パイルドライバーのイチローだった」

多くのパンクスが帰るのを惜しみ、マサミの育った実家でみんなが大人しくマサミを思い出していたのを今でも覚えている。そしてそのまま帰らずに残った人間たちは、叔母の家などマサミの親戚関係と思われる家に泊めてもらい、翌日の告別式に出席した。

カツタ「泊まったときに、マサミさんの弟と話して『彼は物心ついたときにはいませんでした。たまに帰って来ては、夜に裏の川でモリで魚をとってました』って会話をしたんだよね。娘さんとも話したと思う。それで川を見に行ったらものすげぇところで『本当にこんなとこでモリで魚とってたのかよ！』ってびっくりしたのを覚えてる」

BEAR BOMB「それ俺も聞いた」

ヒロシ「養老渓谷だよなあれ。猿とかいたもんな」

通夜と告別式に集まった人間はかなりの数で、マサミの告別式だけで見ても、実家のある街の町長の告別式よりも人が集まったという。マサミの死を惜しむ人間は全国に計り知れないほど多く存在したのだが、来られなかった人間もかなりの数がいただろう。

今でも葬式の日のことは覚えている。秋晴れの空の下、無数に集まった人間たちがすすり泣く中、焼きあがった骨を拾う時間になった。そのとき、最後のひとりがいなくて、カツタが筆者に声をかけてくれ、マサミの骨を拾うことができた。

マーチン「でも、骨を拾えたね。あの火葬場もすんごい山だったね」

BEAR BOMB「あそこに200人以上来てたよな」

カツタ「なにもないだだっ広い駅前に100~200人ぐらいいたのは覚えてる」

そして葬儀には、生き別れ状態となっていたマサミの娘も、叔母やマサミの母親に連れられて出席していた。その後、娘や弟は、ハードコアのライブに顔を出してくれたこともあり、マサミが亡くなった後に父親のことを知るようになっていく。

娘「お父さんのことは、本当に周りの人たちが『いい人だった』って言ってくれるので、あんまり悪いイメージとかはないですね。喧嘩とかの話は聞いたりもしましたけど、ネットとかにも出てくるので、それで知るみたいな(笑)。でもお父さんの知らない部分が知れるので、嫌な気はしないです。嬉しいですね」

この優しさと器の大きさは、マサミの血だと実感する。一緒に育つことはなかった父親だが、多くの人間に今でも愛され続け、誰もが憧れる素晴らしくかっこいい生き様の人間だったと伝わることを、切に願うばかりである。

ここまですさまじい生き様でありながら、とてつもない優しき心で人々を魅了した人物が、日本のハードコアパンクの礎だった。様々な暴力沙汰や、マサミに被害を受けた人物も無数に存在するだろう。そして日本のハードコアパンクシーンが、暴力的と現在でも思われているのも仕方のない部分はあると思う。

しかし、この物語で書かれた真実を知ることによって、何故に暴力的だったのかを、わかる人にはわかってもらえると確信している。大切なものを守るため、自らの信じたものを守るためが故に、暴力も辞さない心構えと気質と行動で、世間に対して抗い続けたのではないだろうか。

そして、この歴史がなければ、今現在の日本のハードコアパンクは存在していない。賛否両論あって当たり前であり、暴力的なものがパンクとして感じられない人間もいるだろう。しかし、これが日本のハードコアパンクの礎である。そのことだけは事実として、未来永劫変わることはない。

この物語を書くにあたり、様々な先輩や友人たちがマサミの生涯を顧みてくれた。その中で、マサミについて生涯変わらなかった姿勢があるのをTHE TRASHのマーチンは感じていた。その生き様がこれだけ多くの人間を魅了し、日本のハードコアパンクの源流を作った大きな要因ではないだろうか。

マーチン「マサミは、人の悪口を全く言わないんだよね」

ほとんどの人間は、何かしら他人の悪口や陰口は言うものだ。筆者もそうであるし、多くの人間もそうだろう。悪口のひとつも言わずに生きていたら、通常であればストレスに押し潰されたり、仕事上やっていけないこともあったりするだろう。現代のネット社会では、見ず知らずの会ったこともない人間に悪口を言ったり、陰口を言うなど当たり前である。そうしてストレスを発散し、自らの溜飲を下げるのだろう。しかしマサミは、何かあるなら実際に相手と面と向かって対峙するのである。時代が違うと言うかもしれない。しかし現代でも昔でも、人間という生き物自体にそう大差はないはずである。

ひときわ苛烈な生き様を生き抜いた人間の本質は、誰もができるはずなのに、誰もやらない生き様だった。強いとはどういうことか？　弱いとはどういうことか？　優しいとはどういうことか？　生きるとはどういうことか？　このマサミの本質を、パンクスとして生きる人間だけではなく、混沌とした現代に生きる人々の胸に刻んで欲しい。

今ここに、マサミがいつも着ていた革ジャンがある。テツが形見分けでもらったものを、筆者にと贈ってくれたものなのだが、マサミを知る人間であれば、誰もが知るその言葉が刻まれている。古くなった革ジャンは、背中の絵の塗装の色も褪せてきており、うっすらと英語で書いてあるものも見える。他人の悪口を全く言わず、仲間の揉め事にはいち早く駆けつけ自らが率先して解決し、大好きな酒を飲んでは誰かを殴って喧嘩をして、鬼のような恐ろしさを見せる反面、寂しがり屋でいつも誰かに電話をし、イタズラ好きで仲間たちと一緒にいることが大好きで、何よりも仲間を大切にした人生を、マサミがこの言葉にして背中に背負っていた。マサミの全てが、生き様とこの言葉に込められている。

「汚れなき豚友達へ!!」

最後に、生前のマサミが唯一書いた日本語の歌詞「FURY GUY」で、この物語を終わりにする。

FURY GUY（怒りの男）

世間の風に吹かれ
なすがままの姿に身を任せ
セコイセコイ人生

黒い壁に囲まれ
奴らは言わないが
これをわかって欲しい

なんて惨めなツラをしてやがる
明日の未来　明日の未来は終わりだぜ
どうしようもない　どうしようもないぜ

世間の風に吹かれ
セコイ人生を繰り返す
黒い　黒い　黒い壁に囲まれて
奴らは　奴らは　奴らは夢の中に
これを　これを　これをわかって欲しい

夢の中に　夢の中に消える
お前はどうしようもないぜ
明日の未来は終わりだぜ

第四章

特別インタビュー

HIROTO × ISHIYA
INTERVIEW

撮影：林直幸

この本を制作するにあたり、どうしてもマサミとの関係性について話を聞きたい人物がいた。

生前のマサミとは昵懇の仲でありながら、現在日本のロック界では知らぬ者がいない、元ザ・ブルーハーツ、ザ・ハイロウズ、現ザ・クロマニヨンズのボーカリストである甲本ヒロトだ。

筆者もインディーズ時代のザ・ブルーハーツを観に行ったときに、気さくに話してくれた思い出があるのだが、久々に会ったヒロトは昔と変わらぬ友好的な人間であり、快く取材を引き受けてくれた。

もう30年以上前の遠い過去の話ではあるのだが、マサミのことを話すヒロトは、色褪せない思い出を噛みしめるように訥々と話し始めてくれた。

日本のロック界で絶大な影響力を持つ男が「マサミのためだから」と、本書のために特別に話してくれた貴重なインタビューである。

――お久しぶりです。ISHIYAです。覚えていますか？

ヒロト　覚えてるよー！

ここで筆者の著書を手渡すと、ヒロトはじっくりとページを捲っていき、掲載されたマサミの写真を発見する。

ヒロト　あ！　マサミだ！

食い入るようにマサミの写真を見ながら、ヒロトが口を開いた。

ヒロト　いやぁ、日本のハードコアはすごいよ。世界がちゃんとある。それで何から話そうか？

ものすごくおおらかで侠気のある連中の集まりだった

――最初にマサミさんと会ったのは？

ヒロト　もう覚えてないよぉ。

――マサミさんがソロをやったときに、ギターを山川のりをちゃんがやってるんで、そののりをちゃん絡みという感じじゃないんですか？

ヒロト　いや、マサミのことはその前から知ってたよ。

――ザ・ブルーハーツはGHOULとかLIP CREAMとの2マンを、屋根裏でやってたじゃないですか？マサミさんがソロを出す前のGHOULのときだから、その頃から仲良かったたってことですよね。

ヒロト　そうだね。知らない間に。

――知らない間にって（笑）。どこかのライブハウスで会ったんですかね？

ヒロト　もともと僕とマーシーが、モッズ族のほうでバンドやってて、あっちのコミュニティでよくライブとかやったんだ。そのバンドで「カテゴリーとか関係ない、モッズとか何も関係ない、とにかく何か好きなことをやってみよう！」ということになって、ザ・ブルーハーツっていうものになったんだよね。当時はたしかそんな感じだったたと思う。

――ザ・ブルーハーツになってから、マサミさんとかハードコア系と仲良くなっていったって感じですよね？そのきっかけみたいなのがわかると非常にありがたいんですけど（笑）。

ヒロト　いや〜、それがね（笑）。今もそうなんだけど、当時は何にも考えていなくて、その日のなりゆきで、気づいたらその場にいたやつと飲んだりしていたからあんまり覚えてないんだよね。これはリンクする話かどうかわからないけれども、「ロードサイドロッカーズ」というイベントの山口さんって人がいて。

――松島さんじゃなかったですか？

ヒロト　それはまひるじゃない？　ジャムスタによくいた子でしょ？

――ジャムスタが出てくるんだったら、その頃（1980年代初期）になるんですかね？

ヒロト　そうだ、ジャムスタの「エモーショナルマーケット」！　俺行ってた（笑）。

――おお！「エモーショナルマーケット」には、トラッシュ連とかマサミさんは必ず行ってたんですよ。そこが初対面かもしれませんね。

ヒロト　この話はあんまりしたくないんだけど、僕はね、「エモーショナルマーケット」でTHE TRASHと殴り合いになって、1対4かなんかで袋叩きに遭ったの（笑）。

――あの時期ならしょうがないですね（笑）。ただ、あの時期のトラッシュ連に立ち向かって行ったっていうのが素晴らしいですよ。

ヒロト　バカだったんだねぇ（笑）。僕とハードコアの最初の接点はね、タコ殴りです。洗礼を受けた（笑）。当分、食事のときに咀嚼に困るぐらい顔がボコボコで、耳なんかもパックリ割れてたし。

――じゃあそのタコ殴りで接点があって、その後も観に行くじゃないですか？　でも、あの人たちはそれを恨みに持たないから「おう！　またきたか」みたいな感じで仲良くなっていった可能性もありますね。

ヒロト　もう覚えてないねぇ（笑）。だけどもう一回行くのは、めっちゃ怖かったよ。あのときは、とにかくトラッシュ連には近づいちゃいけなかったんだね。ジャムスタの人にも「あの人たちはね、喧嘩しにきてるんだからね。ごめんね」って謝られて。

――じゃあそこからの繋がりで、ハードコアと近いシーンにいたって感じですね。

ヒロト　僕らはどこのシーンにも属さないつもりでやっていたけれども、そういうのをハードコアの連中はすごく快く受け入れる。付き合ってみると、ものすごくおおらかで侠気のある連中の集まりだったから、居心地よかったよ。それですごく仲良くなった。THE TRASHと一緒にツアーをやったりもしてるし。誰と最初に知り合ったかはもう覚えてないけど、はじまりはトラッシュ連ですよ。誰かの家で酒盛りしていて、アクト君がいたりヒロマツがいたりマーチンがいたり。あとギターのカズシ、あいつもいいやつだよなぁ。みんなかっこよかった。ヒロシ君がいないときもあった。

——ヒロシさんがいないときに、THE TRASHとツアー行ってますよね？

ヒロト　そうそう！　それでベースがアクト君なんだよ。THE LONDON TIMESも一緒に行った。今思えば無茶苦茶なツアーだった。だからあれは、ハードコアの人間たちの、トラッシュ連の懐の広さだったと思う。

——THE TRASHのライブは、いつも男ばっかりだったんで、ザ・ブルーハーツと一緒にやると、女の子がいて楽しいって言ってたみたいですけどね（笑）。

ヒロト　はっはっは（笑）。そういえばアクト君がブルーハーツのファンの子を見て「かわいいかわいい」って言ってた記憶がある（笑）。やっぱりハードコアのところにいると、ほんの数人の女性がすごくたくさんに見えるんじゃない？

——来てるお客さんの人数も全然違ったじゃないですか。ほんとハードコアは俺みたいなのばっかりだから（笑）。当時、他のハードコアとはやったりしてました？

ヒロト　なんでもよかったから、出られりゃどこでも行った。でも第1回目の「ロードサイドロッカーズ」っていうのが原宿であったときに、確かまだローラーの時代でバンドなんか誰もいなかった。そこを一箇所無理やり占拠してバンドやったんだよね。そのときにローラーからたくさん妨害が入るんだよ。物とか投げられながらやったんだけど、そこで僕はのりをとTHE LONDON TIMESの亀ちゃん（亀山哲彦）も一緒にやってたTHE COATSってバンドで参加してた。それでなんか知らないけど、モッズ族の中にいながらどこでも行ってた気がする。それでハードコアのライブも行ったり。それから西村（茂樹）社長のTHE LOODSがいた。そんな感じで面白かったんだよ、「ロードサイドロッカーズ」は。そこから段々あそこにバンドが増えてきてね。

――そこにもマサミさんは来てませんか？ 地元なんで絶対いると思うんですよね。

ヒロト　来てたかもしれないねぇ。次の「ロードサイドロッカーズ」のときは、僕はもう自分のバンド解散してて、マーシーも自分のバンド解散してて、そのとき初めてマーシーとセッションしたの。マーシーとやったのは、そのときの「ロードサイドロッカーズ」が最初だよ。もう忘れたけど、なんか変な名前のバンド組んで。

――ザ・ブルーハーツの母体みたいなもんですね。

ヒロト　そこでなんとなく決まった。それで、そのときギターで河ちゃんもいた。

――活動してるところがハードコアと近かったんですね。

ヒロト　うん。ぐちゃぐちゃだったからね。

マサミといると「世の中かっこいいなぁ」って思えるんだよね

——マサミさんと飲みに行ったりはしてました?

ヒロト　してた。なんか下北で会うことが多かったよ、マサミとは。

——それ、屋根裏が渋谷から下北に移ったからですね。屋根裏が移ってから、マサミさんはよく下北に出没してたんですよ。THE TRASHのメンツとかみんな小田急線に住んでたんで。

ヒロト　そうかそうか、そうだよね。あの辺の沿線で飲んだなぁ〜(笑)。金ねぇから、一升瓶担いで誰かの部屋とかね(笑)。マサミと飲みに行くときはお店だったけどね。2人か3人か。でもそんな大人数じゃない。静かに飲んでた。

——マサミさんと2人とか、結構珍しいですね。あんまり想像ができないんだけど(笑)。

ヒロト　最高だよ。アイツといると気分がいい。なんかね、普通にいると「世の中ダッセエな」って思うこと多いでしょ? だけどマサミといると「世の中かっこいいなぁ」って思えるんだよね。アイツがかっこいいんだもん。とにかく僕に優しくしてくれたね。すごく気を遣ってくれて。あの人、そういう人でしょ? 「飲むか?」「食べるか?」「次どうする? どこ行くか?」ってそんなことばかりで。僕は勝手なこと喋ってて、マサミはいつも周りに気を遣ってた気がする。

——聞き役って感じですね。変わらないですね、どこでも。誰に聞いてもそうですね。

ヒロト　やっぱそう? マサミが最後に残ったひときれの刺身を、きれーいにシソの葉でくるんで、真ん中にツマを入れて、なんか美味そうな形にクルクルっと巻いて「食うのかな?」と思ったら僕にくれたりね(笑)。しかも片手だしね。あと思い出したけど、下北でマサミと飲んでて、ブラブラしてたら、自動販売機で飲み物買ってるやつがいて、マサミが「おーい!」とかいってその人を呼んできたんだよね。それで「紹介するよ! ゲイリー・ヨシキ」って、まだ売れる前のX JAPANのYOSHIKIでさ。マサミがYOSHIKIに「飲み行くか?」って言ったんだけど、用事があったらしくて行かなかったんだけどね。そのとき、初めてYOSHIKIと会った。まだ『天才・たけしの元気が出るテレビ!!』に出る前か、その頃だったな。

――それからザ・ブルーハーツはメジャーに行ったんですけど、ヒロト君はライブハウスとかよく来てましたよね。

ヒロト　うん。僕は関係なく暇さえあればブラブラ行ってたよ。

――コンチネンタル・キッズのライブに来てたのを覚えてます。

ヒロト　そうそう。コンチとかも観に行ってたし。コンチと知り合いとかではなかったけど「カッコイイなぁ～」と思って観たりしてた。コンチの思い出は、京都大学西部講堂で年越しやってて、そこにも僕、別に関係ないのに行って、一緒に年越したりしてて、あのプレハブのコタツの部屋みたいなところで酔っ払って寝てたりしてたよ(笑)。そしたらステージの上から誰かが呼んでる声がうっすら聞こえて「何だろう?」と思って行ってみたら、なんか飛び入りで出されたりとか(笑)。面白かった。やっぱりそういうのが好きなんだよ。

マサミだから（笑）。特別だよ

——あとやっぱりちょっと聞きたいのは、世の中で噂になってるザ・ブルーハーツの「僕の右手」って曲はマサミさんがモデルだっていう話なんですけど。

ヒロト　その話、僕は知らなかったんだよ。歌作ったときには別にそんな意識はなかったし、それと紐づけたつもりは一度もないんだけど、そう言われてみりゃそうなのかもね。そうだな、マサミ右手なかったもんなぁ。でもそういう風に、オーバーラップして楽しんでもらうこと自体は僕は全然否定しないけど、僕がそのつもりで作ったのか？って実際に聞かれてしまうと「そうじゃないんだよ」って答えるしかないんだよね。僕ね、その曲に限らず「何かイメージして具体的にこのことを歌にしよう」という作り方はあまりしないから。全部そう。マサミと付き合いがあるわけだから、心の中にあったかもしれない。そこは否定できないけど、そういうつもりで作ったわけじゃないんだよね。なんかちょっといい話だから否定したくないんだけどさ（笑）。みんながそう思ってくれるのは全然いいよ。

——その後、マサミさんが亡くなってからしばらくして、L.O.Xのライブでロフトに出たじゃないですか？　あれはどんな感じで出ることになったんですか？

ヒロト　マサミのやつだから出るよって。そんだけ。行けるから行く、みたいな。

——あれ面白かったですよ。あのときドラムがYOSHIKIじゃなくて、BLANKEY JET CITYの中村達也君だったじゃないですか。

ヒロト　ああ、いいドラマーだよねぇ〜。面白かったなぁ。

――そのときのマサミさんへの思いみたいなのはありましたか？

ヒロト 基本的に僕は追悼ってあんま好きじゃないんですよ。「だったら生きてる間に仲良くしようぜ」と思う。追悼自体はそんな好きじゃないんだけど、マサミだから（笑）。特別だよ。まあ「義理」だよね。僕は普段、義理なんかどうでもいいんだけど、彼に対してはなんかね、義理を果たしたいという気持ちになる。そういう男なんですよ、マサミは。そういう気持ちにならない？ 彼と会うと。なんかカッコつけたくなるっていうのかなぁ？ もういないからっていうわけじゃないけど、本当にいいことしか思い浮かばないね。

――最初にアンチノックでやったマサミさん追悼のときも、ザ・ブルーハーツで出てたじゃないですか？ 追悼が嫌いだったら、やっぱりああいう所に出ないと思うんですよ。でも出てたというのがやっぱりマサミさんへの思いが特別なんだなって。

ヒロト そうだね。なんかね、未だにいなくなったって気がしないんだよ。

――倒れた後に、お見舞いとかは行ったんですか？

ヒロト 行ってない。病弱なところは見てないんだよ。

――俺も行ってないんです。それを見たくなくて。やっぱ受け入れきれなかったというか。それもあって、すごく仲良いんだけど行かなかった人も結構いたんですよ。「今でも生きてるんじゃねぇか？」って「死んだ気がしない」ってみんな言うんですよ。「原宿行きゃいるんじゃねぇか」って（笑）。

ヒロト そうだね、なんか実感として「いいじゃん、マサミが死んだとか生きたとかどっちでも」って思う（笑）。そんな重く真面目な感じじゃなくて、もっと軽く「どっちでもいいじゃん！　マサミだろ？」って（笑）。「どっかにいんじゃねぇの？」って。そんな感じ。

――たぶんマサミさんと一緒にいて、悪いことがなかったんじゃないですか？

ヒロト　だけど、随分とやり込められたパンクスもいたんじゃねぇの？

――ああ、それはいっぱいいます。それは別に悪いことと捉えてないんで、俺たちの感覚として。

ヒロト　あっはっは、そうか（笑）。

――それも込みでマサミさんですから、喧嘩もいいことのひとつで（笑）。例えば人を騙したとかそういうのではなくて、ただ喧嘩の話なんで。そこはもうしょうがないですよ、この世界では（笑）。

ヒロト　あっはっは、そこはもういいんだね（笑）。そうだね、だって僕もTHE TRASHと喧嘩した後、仲良くなれたし。

――途中であの人の手がないこととか、気にならなくなってきますよね。

ヒロト　そうだね。気にならなかった。会ったときからなかったから。最初はインパクトはあった。でも河ちゃんが言うには、最初に知り合ったころはあった気がするって。

――それ義手ですね。

ヒロト　そうか。そういうことか。

――写真とかにも義手で写ってて。本人が自分で義手をとった後に「あれ？　手どうしたの？」とか聞かれると「うん、ヤクザにやられたの」とか言ってて（笑）。

ヒロト　冗談ばっか言って（笑）。それについて僕はマサミと一度も話したことはなかった。でも片手であのドクターマーチンの紐を結ぶところなんか見事だったね。キッチリときれーいに、誰よりも綺麗に結んでたよね。あの紐のラインの一文字がすっごい綺麗。

――居酒屋とかでいつも飲んでるじゃないですか？　帰るときに「今日こそ見よう」とか思っても、いつも見忘れてたんですけど、結び目がないんですよね。

ヒロト　何かやり方があるんだろうね。綺麗だった、あいつのマーチン。かっこよかった、さすがパンクス！

この後の写真撮影のときにも話は続き、当時の思い出をいろいろと話してくれたヒロト。あの頃と変わらぬ、気さくで偽りのない純粋な人間だった。

話を聞いていて、ヒロトのシンプルでありながらもブレない強さは、まさにパンクスであると感じた。ヒロトを「パンクスだ」とカテゴライズすると、本人には否定されそうだが、マサミやTHE TRASHと通じ合っていたことがよくわかるその人間性は、筆者にはどうしても「パンクス」だと映ってしまう。

このインタビューを読んで、当時からの付き合いである人たちにも、変わらぬヒロトの人間性が伝わるのではないだろうか。

「マサミだから」と、快く取材を引き受けてくれたヒロト君に、心から感謝します。本当にありがとうございました。

YOSHIKI × ISHIYA
INTERVIEW

マサミの本を出版するのであれば、どうしても話を聞いておかなければならない人物が、ヒロトの他にもうひとりいた。

マサミと一緒にL.O.Xで活動し、現在はX JAPANで世界的なアーティストとして日本を代表する存在のひとりとなったYOSHIKIだ。

YOSHIKIがマサミと出会った頃か、それより少し前に、同世代ということもあり、筆者もYOSHIKIとよく遊んでいた。

マサミの本を出版するにあたり、どうしてもYOSHIKIには話が聞きたいと思っていた矢先、LIP CREAMのギタリストだったナオキの訃報によって、SNS上でYOSHIKI本人と30年以上ぶりにコンタクトが取れた。

その繋がりから連絡がとれるようになり、インタビューを打診していたところ、一時帰国の忙しい合間を縫って、スケジュールを開けてくれた。

現在のコロナ禍と過密なスケジュールなどもあり、電話でのインタビューとなったが、30年ぶりぐらいに話したYOSHIKIは、当時と何も変わらぬ友人のままだった。

懐かしい話に花が咲いたが、YOSHIKIが日本のハードコアについて、マサミについて語ってくれた他ではあまり見かけることのないインタビューではないだろうか。

久々にふたりで話したためか、通常のインタビューとはひと味違う、フランクで飾らない、素のままのYOSHIKIが感じられるだろう。

YOSHIKIが語るマサミとハードコア。必読である。

YOSHIKI　ごめんね遅れちゃって！

——YOSHIKI？

YOSHIKI　そうだよ、久しぶり！ ISHIYAは元気だった？

——元気だよ！ YOSHIKIは身体大丈夫なのか？

YOSHIKI　ちょっと身体壊しちゃったけど、大丈夫だよ！

——YOSHIKIが身体壊したりするとニュースになるからな（笑）。

電話の向こうのYOSHIKIは、当時と変わらない声と口調で、久々の再会に近い形をふたりで喜び確認し合った。

YOSHIKIもマサミだからと話をしてくれたと思うのだが、筆者との関係もあったためにインタビューを受けてくれたのだろう。そのためどうしても、当時を懐かしむ話から始まった。

初期のX JAPANってハードコアだったから、どっちかっていうとパンクだよ

——マサミさんに最初に会ったのはいつぐらいになるの？

YOSHIKI　いつだろうなぁ？ もう凄い前だよね？ Xはすでにやっていたけれど、たぶんXのデビュー

前だと思うんだよね。

——それはそうなんじゃない？ 俺らとかと会ってるより前かな？ 俺らがYOSHIKIに会ったのは、POISONがエクスタシーから7インチ出したじゃない？ あれぐらいのときだと思うんだよ。

YOSHIKI X JAPANがデビューして33年経つんだよね。だから、たぶんマサミさんに会ったのって33～34年前じゃないの？

——最初に俺らと会ってた頃ってのが、Xがまだメジャーデビュー前で、池袋ペンタでYOSHIKIが毎日練習してたじゃん。

YOSHIKI あっはっは（笑）。やってた。DEATH SIDEもやってたよね。

——そうそう。それでたまに叩いてもらったりもしてたじゃん。

YOSHIKI 叩いたねー。

——あのぐらいの時期にマサミさんにも会ってんのかな？って。

YOSHIKI その時期だね、たぶん。俺はどっちかっていうとパンク系だったから。あの時期みんな、結構いろんなのが入り乱れてたよね。

——そうだね。あとは新宿に将軍って飲み屋あったじゃん？ あの辺の時期かもね。

YOSHIKI あったね！ 俺は何がきっかけでマサミさんと会ったんだろう？ あ、アクト君が「ドラマーがいなくなっちゃった」とか言ってて「YOSHIKIちょっと叩いてくれない？」って、たぶん

DEATH SIDEのときと同じノリだったよ。「今日、ドラムが来てないからちょっと叩いてよ」みたいな、そんな感じだったと思うよ。

——ペンタで練習していた頃って感じ？

YOSHIKI そうそう。たぶんPOISONでも叩いたかな？ みんなドラムが来ないっていうと、たまに俺が叩いてたんだよね。俺はハードコアの人間だと思ってたからさ。最初の頃のX JAPANはハードコアだったし、どっちかっていうとパンクだよ。

——『DOLL』にも広告出ていたしね。メタルコアみたいな感じで出てたもんね。

YOSHIKI そうそうそう。

——元々ハードコアだったのが、メタル系になっていったというか。

YOSHIKI ハードロックも好きだったんだけど、精神的に言うとハードコアだったんだよね。

——あとドラムの速さだね。あれは完全にハードコアにマッチしすぎだよね（笑）。あれなら「お！このドラムいいじゃん！」ってハードコアのやつらもなるじゃん。

YOSHIKI なってたなぁ（笑）。やたらみんなに「手伝ってくれない？」って言われたもん。

——毎日練習やってるから、時間あるんだと思ってたんだよ（笑）。携帯もない時代だけど、池袋ペンタに電話すればYOSHIKIはいつもいたじゃん。

YOSHIKI うん。毎日練習してたから、毎日いたもん、俺（笑）。

――だから安心感があった。「あそこに電話すりゃYOSHIKIいるから叩いてもらおうよ」って。俺らも完全にそれだからね（笑）。

YOSHIKI　そうそうそう（笑）。あそこにいたら捕まったねー。

――またそういうのが面白かったよ。あの頃は。

YOSHIKI　面白かったねぇ。

――メタルとハードコアも仲悪くなかったしさ。それもYOSHIKIのおかげって言うかさ、YOSHIKIがいたから仲良かったんじゃないか？って気もするんだよな。

YOSHIKI　なんとなくだけど、その後、俺もメタルとかハードロックに交わっていって、みんなが一緒になっていった気がする。

――俺らぐらいの世代だと、当時メタルにYOSHIKIぐらいしか知り合いがいなかったんだよ。俺より上の世代になるとUNITEDとかCASBAHとかは交流あったんだけど、俺らの世代になるとYOSHIKIぐらいしか知らないんだよね。2～3歳の差なんだけどさ。

YOSHIKI　ああ、そっかそっか。でもUNITEDとかCASBAHはちょっと特別だったんだろうなぁ。ハードコアっぽかったからね。

――Xもハードコアっぽかったじゃん？　だからその3つのバンドは音楽的にも特別だったんじゃないかな？　それでマサミさんとバンドをやるわけじゃん？　それが面白いよね。

いいやもう。俺も投げちゃえ!ってドラム投げて帰った（笑）

YOSHIKI　ハードコアと俺のドラムって結構バッチリ合うじゃん？

——合うねー。

YOSHIKI　それで「あ、いいじゃん！」みたいになって。マサミさんから「ツアーに行くんだけど、一緒に来てくれない？」みたいな感じで、L.O.Xのツアーに行ったんだよね。それでコンチネンタル・キッズとか、色んなバンドと対バンやって。

——そのときのL.O.Xのギターはナオキさんだよね。

YOSHIKI　ナオキ君だよ。

——ジョーさんがいたときもなかったっけ？　ジョータロー君。

YOSHIKI　そうそう、MOBSのジョータロー君がいたときもあるね、そういえば（笑）。懐かしいなぁ。思い出すよねぇ。元気かなぁ。むちゃくちゃ仲良かったな、俺。

——L.O.Xのツアーって、たぶんそれなんだよ。その後もYOSHIKIはずっとやってるじゃん？　結構、後の方までやっていてTOKUROW（Ex.BASTARD、JUDGEMENT）が歌ってるやつとかもYouTubeで観たんだよね。

YOSHIKI　やってるね。結構叩いてたね。俺が覚えてるのは、ツアーの京都の磔磔かどっかで、ステージが始まったら喧嘩が始まったのね。それでみんな客席に行っちゃって、ドラムだけになっちゃって「あれ？ 俺ひとりでステージやってんじゃん」みたいになって。それで俺も開き直って「いいやもう。俺も投げちゃえ！」ってドラム投げて帰った（笑）。楽屋戻ったら「何でYOSHIKIドラムやめちゃったの？」っていうから「いや、みんな客席で喧嘩してるから俺も」って（笑）。

――ドラムセット叩き壊したりしたの？

YOSHIKI いや、客席にドラムを投げた気がする（笑）。あの頃はある意味、結構平和だったじゃん。物騒な平和みたいな（笑）。

――それでハードコアとか俺らとかも仲良かったんじゃん。一緒に飲みに行ったりしてたじゃんね「気合だー！」とか言って（笑）。

YOSHIKI 仲良かったよね。当時は俺、ハードロック系の人たちからあんまり好かれてなくて、気が合わなかったのよ（笑）。それでハードコア系の人とはみんなと気が合ったんだよ。ISHIYAとも結構仲良かったよね。よく喋ったし飲んでたよね。

――よく飲みに行ってたね。

YOSHIKI 前に「LUNATIC FEST.」っていう、LUNA SEAの仲間のフェスに出て、BRAHMANのTOSHI-LOWと喋ったんだけど、すごくいい感じで気が合ってさ。そしたらアンティノック系とかっていう言葉が出てきて、「ああ、今となってはアンティノック系っていうんだ」と思って。

――TOSHI-LOWと会ったときも言ってたよ。「YOSHIKIさんと話しました」って。

YOSHIKI むちゃくちゃ気が合ってさ。アンティノックには俺もよく行ってたから（笑）。

――それこそL.O.Xで出てたじゃん。

YOSHIKI 出てたよ（笑）。

Xがデビューしてから、ずっとXのライブに来てくれてたんだよ

――L.O.Xやってるときのマサミさんってどうだった？ 大人しかった？

YOSHIKI いやぁ、大人しくなかったね。だいたい毎日喧嘩してた（笑）。とにかくL.O.Xのツアーは、毎日なにかしらの喧嘩はあった。バンド間はむちゃくちゃ仲良かったけど、外部とは毎日喧嘩になってた気がする（笑）。

――YOSHIKIは巻き込まれないで良かったね。

YOSHIKI いや、俺も巻き込まれてたと思うよ（笑）。

――マジで（笑）。YOSHIKIファンとかもくるから、そういうのもあるかもしれないな。

YOSHIKI でも、当時は俺のファンってあんまりいなかったんじゃないかなぁ？ なんとなくパンクファンだったね。あと俺も名古屋でパンクス系の人たちに結構絡まれて、それが原因でマサミさん

とかも巻き込んで大喧嘩になったことがあったよ（笑）。

――ああ、YOSHIKIが絡まれて、マサミさんが守ろうとしたのはあったのかもしれないね。

YOSHIKI　それはあったね。なんか名古屋でさ、１９０cmとかあるすごい背の高いやつがいたんだよな。

――トールだよ。

YOSHIKI　あ、トールだ！　彼がステージでタオル振り回してて、誰かに当たったとか俺に当たったとかで、俺と彼が喧嘩になったんだよね（笑）。それをマサミさんが止めに入ってマサミさんが大暴れして、名古屋の打ち上げで大喧嘩になった気がする（笑）。

――じゃあステージで揉めて、打ち上げでもって感じだ。

YOSHIKI　だいたい毎回打ち上げ行ってたじゃん。まぁでも、喧嘩っていっても、そんな大事ではないような。わかんないけど（笑）。ドロドロしたのはなかったような気がする。

――そうだよね。ハードコアの人たちは引きずるわけじゃないからね。みんなそういうのないわ。だいたいその場で終わる。

YOSHIKI　DEATH SIDEもチェルシーとか結構、穏やかだったからね。ISHIYAもルックスのわりには穏やかだったよね、ルックスはなんか思いっきり威圧してたけどね（笑）。いやぁインパクトあったな。

――そうだよ。人は見た目で判断しちゃダメだからね（笑）。マサミさんと個人的に飲みに行ったりした？

YOSHIKI　うん。したした。Xがデビューしてから、ずっとXのライブに来てくれてたんだよ。それもテレビ収録とかそういうところに来ていて（笑）。そのあと一緒に飲んだりしてたね。

——Xのテレビ収録にマサミさんが顔出してるんだ（笑）。

YOSHIKI　屋上かなんかでテレビ収録あって、そのとき見に来てね。そのあと飲みに行ったりさ。

——テレビ収録の現場にあの人がいるっていうのがすごいな（笑）。当然、映ることはないんだろうけどさ。マサミさん何しに行ってたんだろう。

YOSHIKI　ただ見に来てた（笑）。

——ヒロト君が初めてYOSHIKIに会ったのがマサミさんといたときで、下北で一緒に飲んでブラブラしてたら、YOSHIKIが自動販売機で飲み物を買ってて、そこに通りかかって「紹介するよ。YOSHIKI」って言われたって。

YOSHIKI　あー、なんか覚えてる！

——ヒロト君も「マサミだったら」ってインタビュー受けてくれたからさ。マサミさんが最初に、YOSHIKIとヒロト君を繋いでるみたいな感じじゃんね。そんな気もするから、今となればそれってすげぇなぁって思ってさ。

YOSHIKI　まぁそうだね。しかし懐かしいな、いろいろと。あの頃のハードコアってむちゃくちゃいい感じだったよね。

――ちょうど暴力的な状況から脱却していっている時期だったから。

YOSHIKI　ああ、そうか。その前がちょっと暴力的な感じだったよね。うちとかはそのちょっとあとかな？

――そのぐらいの時期にYOSHIKIはハードコアと一緒にいたって感じだよな。

今でも精神的にはハードコアパンク

――YOSHIKIがステージでドラム叩いてるときに、マサミさんはどんな感じだったの？

YOSHIKI　やっぱりカリスマ性があった。でもナオキさんとかアクトさんとか、みんなにあったけどね。「みんなすげぇなぁ」と思った。俺、ドラムの立場だから後ろから見てるしさ。ステージも観てるし、打ち上げも見てるし、喧嘩とかも見てるし（笑）。いい感じで振り切ってて、なんかすごくかっこよかったね。

――YOSHIKIの中でも違う世界というか、別な感じだったんだ。

YOSHIKI　そうだね。俺、ロックの教科書に沿ったみたいなのが嫌いで、それですごく影響を受けたね。今でも精神的にはハードコアパンクだもんね。みんなむちゃくちゃかっこよかったなぁ。

――Xがデビューして売れ始めたときも、激しさが売りだったもんね。

YOSHIKI　激しかったよ。

――音の激しさと日常の激しさ、ルックスの過激さとか、全部が要するに過激なものとして売れていったんだもんね。

YOSHIKI　そうだね。俺がピアノを弾くことなんて、みんな知らなかったんじゃないかな？

――俺も最初は知らなかったよ（笑）。

YOSHIKI　あんまり見せてもしょうがないなぁと思ってた。

――そういう過激さとか激しさが、ハードコアの連中と合致したって感じだな。

YOSHIKI　まさしくそうだと思う。

存在自体が日本のハードコアに影響を与えてる

――YOSHIKIにとってマサミさんはどんな人だった？

YOSHIKI　マサミさんはねぇ、どういう人だったんだろうな？　存在自体が日本のハードコアに影響を与えてるし、自分にも影響を与えている。自由人だったんだろうな。最初は「どんな人なんだろう？」って思ってたけど、仲良くなっちゃったんで「あ、こういう人と気が合うんだ！」って気づいた。

――あとは見た目と人間性のギャップだよね。

YOSHIKI　だって手がなくて、海賊みたいなのつけてたしさ。そりゃ最初はびっくりするよね。だけど、バンド一緒にやって、ツアー回って（笑）。

――奇跡的なバンドだよね（笑）。

YOSHIKI　あのツアーは自分にとっても思い出深いね。俺、ちょうどツアー中に名古屋から戻って、そのままSONYに行ってサインしてるんだよね。名古屋終わって、次の日メジャーデビューしてるみたいな感じだよ。コンチのシノヤンが「YOSHIKI、こんなことやっていいの？」って言うから「いやいや、楽しいっすよ」って応えて。「Xデビューすんじゃないの？」って言うから「デビューはするんですけど」って。ツアー回ってる最中に（笑）。楽しかったなぁ。

――L.O.Xやめたのは忙しくなったからってこと？

YOSHIKI　やめたっていうか、なんとなく自然消滅しちゃったんじゃないのかなぁ。別にやめたっていう意識もないんだけど。なんとなくだんだんいろんな人がいっぱい入ってきて、バンドっていうより企画モノっぽくなってきたから。それからだんだん足が遠のいた。

――マサミさんが亡くなった後か。

YOSHIKI　そうそう。あのツアーのときは、L.O.Xはバンドだったね。

――マサミさんが倒れちゃったときだと、YOSHIKIはもうメジャーに行って、かなり売れてたじゃない？　でも叔母さんに聞いたらさ、YOSHIKIが夜中に病院に来てくれてたっていうのね。

YOSHIKI　俺、実はね、鴨川だったかな？　千葉県の病院にマサミさんが入院してるときにお見舞いに行ったんだよ。看護婦さんに案内されてマサミさんに会ったら、もう意識がなくてさ。俺、最初「マサミさん！　マサミさん！」って声出して言ったんだけど「ダメだ、起きねぇなぁ」って。そしたら看護婦さんに「もうこんな状態です」って言われてさ。「どうしようか？」ってなってたら「YOSHIKIさん。なんか壁に書いてくれませんか？」って言うから、もしマサミさんが起きたら一番最初に見えるところにと思って、マジックで「YOSHIKI参上！」って書いてね。

――鴨川にYOSHIKIが夜中に車飛ばして来てくれたって叔母さんが言ってた。もうメジャーデビューしてて知名度があったから、夜中じゃないと来れないって夜中に来て、病院が開いてないかなんかで、花束を置いていってくれたって。メジャーデビューして売れていて忙しいのに、すぐ飛んでいくんだなぁと思ってさ。

YOSHIKI　まぁ仲良かったしねぇ。

――一緒にやってたしねぇ。

YOSHIKI　そうだねぇ。俺、ハードコア好きだしさ。

話は尽きず、当時の仲間のことなどの他にも多岐に及び、たびたび脱線することはあったが、思い出しながら懐かしがっている様子が、電話ではあるが手に取るように伝わった。

今や日本を代表する著名人となったYOSHIKIだが、当時のYOSHIKIと何も変わらず、いつも一緒に飲んでいたときのままであり、心はハードコアの精神だと語ってくれたことには嬉しさをこらえきれなかった。

気さくに「今度一緒に飲みたいねぇ。みんなで打ち上げしようよ」と言うYOSHIKIの心の中には、昔の仲間の魂が宿っているのだろう。

たまの日本への一時帰国で、非常に忙しい合間を縫ってインタビューに答えてくれたYOSHIKIには、心から感謝を伝えたい。

本当にありがとう！ YOSHIKI！

あとがき

筆者は今、マサミが息を引き取った病院の前にいる。鴨川駅からバスで10分程度の場所にあり、救命救急センターや緊急搬送用と思われるヘリポートまで完備された、かなり大きな総合病院である。今では建て替えられかなり綺麗になっているが、マサミが入院している当時はまだ建て替え前で、古くはあるが、やはり大きな病院だったという。

ここまで大きな病院に、約2年ほど意識不明のまま入院していたマサミだったが、当時もしマサミが意識を取り戻したときのことを考えると、家族のマサミに対する強くて深い愛情を感じずにはいられない。目の前には広大な太平洋が広がり、見渡す限りの地平線とどこまでも広く無限な空を、マサミの意識が戻ったときに体感する世界として用意したのではないかと感じられた。叔母の言葉にあったように、意識が戻ることを信じてこの病院に転院したことがよくわかるロケーションの素晴らしい場所で、マサミの実家やマサミの眠る墓からは車で30~40分の場所に、この病院がある。

この物語を書き始める前と、書き終えるときにマサミの墓へ挨拶に行ったのだが、信じられない不思議なことが起きている。これをどう捉えるかは各人に任せるが、マサミの墓のすぐ近くに、今では廃屋となってしまっているが、通夜のときにも訪れた実家が建物だけ残されている。墓参りの後にその実家の前まで行くと、崩れかかった木製の雨戸がガタガタと音を立て始める。一度目に訪れたときは、叔母や親戚の方などもいて「風が吹いてるんでしょう」とは言っていたのだが、風は全く吹いておらず、みんなで話していると話の合いの手のように、雨戸が「ガタガタッ」と鳴るのである。冗談混じりで「来てるのかもしれませんよ」とは言っていたものの、気になっていた現象だった。

二度目に訪れた今回も、墓参りの後に実家の前に行ってみると、やはり風が全く吹いていないのに、話していると同じ雨戸が「ガタガタッ」と鳴るではないか。前回の経験を踏まえ「雨戸が鳴るのはマサミが来ているのかもしれない」と思い、音の鳴る雨戸の方に向かっていろいろ話しかけてみた。するとどうだろう。やはり会話をしているかのごとく、筆者の話に答えるようなタイミングで雨戸が鳴る。そしてマサミの親友であるヒロシやマーチン、BEAR BOMBの名前を出すと、より大きく雨戸が震えて「ガタガタガタッ」と鳴るではないか。こうした現象を信じられないのであれば、それはそれで構わない。しかし筆者は、確実にこのときマサミに触れた感覚になった。世の中には信じられない事実がある。そのことは、マサミを知らず、あの時代も知らずにこの本を読んでくれた人には、充分に理解してもらえるはずだ。

マサミという人間を中心に、80年代当時の東京のハードコアパンクシーンについて書いていたつもりが、気づくとマサミとTHE TRASHの話になっていた。それだけマサミとTHE TRASHは切っても切れない間柄なので、これはもうどうしようもない。あくまでも筆者の私観である東京ハードコアパンクシーンのために、マサミとTHE TRASHの話になってしまったとは思うが、筆者がハードコアパンクにのめり込んだ原因がそこにある。マサミを通して書いた物語ではあるが、当時の雰囲気を少しは伝えられたのではないかと思っている。

こんな時代を生きてきた者たちから、脈々と受け継がれた「人間性での繋がり」が、東京のハードコアパンクシーンであることはわかっていただけたのではないだろうか。繋がりを築くまでには、困難な道のりを経験しなくてはならない場合も多くある。しかし繋がれば全く別の新しい世界が両手を広げて歓迎してくれる。何の苦労もせずに、素晴らしいものが手に入ることはない。しかし苦労を苦労と思わないのも、このシーンの人間たちの大きな特徴であり、愛すべき部分である。そうした人間性に隠された愛に溢れたシーンだからこそ、ここまで世界に認められているのではないだろうか。中には例外もあるが、そういった人間は、やはりこのシーンの居心地が悪く、いなくなってしまうことが多い。このシーンから飛び立ち、素晴らしい成功を収めた人物もたくさんいる。こうしたシーンがあることで、日本の音楽業界にどれだけ影響があるか計り知れない。しかしそんなことはどうでもいいのだ。それがマサミの生き様に全て現れている。

日本のハードコアパンクシーンを全く知らず、体験すらしていない、もしくは一端をほんの少し甘噛みしただけで忌み嫌う人間が存在する。ほんの少しの真実すら知らずに、一体何が言えるというのだろうか？　甚だ不思議である。しかしこの本で、そういった人間をもっと離れさせてしまう可能性は大いにあるだろう。誠に申し訳ない（笑）。しかし、この本に嘘はひとつも書かれていない。薄れている記憶や、記憶違いはあるかもしれないが、それもできる限りの精査をしたつもりだ。

こういった世界を楽しめるか楽しめないか、それがジャパニーズ・ハードコアパンクシーンに関わる上での、一番のポイントだろう。筆者は、このジャパニーズ・ハードコアシーンに生きてきて、楽しくてしょうがなかった。嬉しくてしょうがなかった。そしてそんな世界に没頭し続けている自らの人生は、素晴らしいものだと確信しているし、こんなにいい人生を歩めているのも、この本に書かれている先輩や友人たちのおかげである。あなたたちのような素晴らしい人がたくさんいたために、著者自身が書いていて楽しくてしょうがない本を出すことができました。

前回の拙著『ISHIYA私観 ジャパニーズ・ハードコア30年史』と今回のこの本で、創成期から今までの書ける範囲ギリギリの日本のハードコアシーンを書いているので、興味のある方は前著と併せて読んでいただくことをお薦めする。

最後に、この本を書くにあたり協力してくれた方々、そしてこの時代に東京のシーンに存在した全ての人間へ、空より高い尊敬と、海より深い感謝を心から送ります。

以下、今回の本で、多大なる協力をしてくれた方々です。今から30〜40年も前の話であるのに、必死に思い出しながらいろんな話を聞かせてくれたみなさん。この物語を書いていて、心の底から楽しく充実した時間が過ごせました。みんなが当時を思い出して記憶の糸をたどってくれたことは、誰よりもマサミさんが一番喜んでいると思います。

この本を機に、マサミさんを知る方は、どうか心の中にマサミさんのことを思い出してください。誰よりもマサミさんが一番嬉しいと思います。

みなさん本当にありがとうございました。

（順不同 敬称略）

THE TRASH：ヒロシ、マーチン、カズシ、マーボー

ジムズイン：ジム（Ex.THE TRASH）
FINAL BOMBS：BEAR BOMB（Ex.GHOUL）
Ex.GHOUL：テツ、マックス（故人）、荒野真司、MUTTCHA
ＫＴＺ：根本敬（Ex.GHOUL）
BAREBONES：ゴッタツ（Ex.BAD LOTS）
ギターパンダ：山川のりを（Ex.BAD LOTS）
Ex.MISCREANT：フェイマス
GAUZE：シン、モモリン
AUTO-MOD：ジュネ
EIEFITS：ミノル（Ex.THE COMES' LIP CREAM）
Ex.THE EXECUTE：レミー
鉄アレイ：ＲＹＯ
TOKYO HARD CORE TATTOO：カツタ（Ex.鉄アレイ）
Ex.○○○○：KANNON
jagatara2020：EBBY
由香
塚越まゆみ
鈴木美佐
高師まりこ
Ex.THE CONTINENTAL KIDS：シノヤン、イソベー、アキラ（故人）

非常階段：ＪＯＪＯ広重
アレルギー、De+LAX、LOOPUS、宙也＋幸也：宙也
GASTUNK、湾岸の羊：タツ（Ex.GHOUL、DEAD COPS）
GASTUNK：バキ（Ex.THE EXCUTE）
SLIP HEAD BUTT：シャム（Ex.SAMURAI）
バンド・オブ・バクシー、ブルースビンボーズ：石井明夫（Ex.ROUTE 66）
Ex.DEAD COPS：レッド
M.O.B.S、刺青・タトゥー辰流：山根（Ex.MOBS）
Ex.GAS：ナルミ
Ex.The バーナム：トール
高橋信夫（エモーショナルマーケット）
ツバキハウス修一（宇都宮ＢＡＲ椿家）
Ex.じゃがたら、AUTO-MOD etc.：長嶌ＢＥＭ
諸沢利彦（映画監督）
広島DISK SHOP MISERY：ＧＵＹ（Ex.愚鈍）
SLIP HEAD BUTT、DEATH SIDE、EARTHDOM：MUKA-CHIN
EIEFITS：T.T（Ex.K.G.S）
FORWARD、ブルースビンボーズ：秋山公康
WORMS、MEAT：内野清太
荻原和彦

SLANG：KO
白川あや
AT FIRST AT LAST：KENTAROU
KISSSSAKI／東高円寺二万電圧：ISHI
DEMOLITION：各務誠
岩田舞海
依田芽久美
鈴木健司
納谷広知
板垣秀実
熊田佳郎
WORD AND SENTENCE：木野内哲也
さくら
木村ゆかり
PILL（Ex.BODIES、LIP CREAM etc.）
アクト（Ex.BAD LOTS、L.O.X、BODIES、ORANGE etc.）
ザ・クロマニヨンズ：甲本ヒロト（Ex.THE BLUE HEARTS、↑THE HIGH-LOWS↓）
X JAPAN：YOSHIKI（Ex.L.O.X）
マサミの叔母
マサミの娘

ISHIYA

アンダーグラウンドシーンやカウンターカルチャーに精通し、
バンド活動歴40年近くの経験を活かし、
音楽や映画を中心に様々な媒体で執筆を続けるフリーライター。
1987年から自身のバンドによる国内外のツアーを続け、
著作には『関西ハードコア』(LOFT BOOKS)、
『ISHIYA私観 ジャパニーズ・ハードコア30年史』(blueprint)がある。
また、noteで各種連載を行うほか、トークイベントなどへの出演も多数。
FORWARD / DEATH SIDE VOCALISTとして、
国内外へジャパニーズ・ハードコアを発信し続けている。
note https://note.com/ishiya148
Twitter https://twitter.com/ishiya_148
instagram https://www.instagram.com/ishiya_forward/?hl=ja

ISHIYA私観
ジャパニーズ・ハードコア30年史 番外編
右手を失くしたカリスマ MASAMI伝

著者：ISHIYA

イラスト：浅野忠信

装丁・デザイン：古田雅美、内田ゆか (opportune design Inc.)
編集：松田広宣 (blueprint)
校閲・編集協力：春日洋一郎 (書肆子午線)

2022年5月26日 初版第一刷発行
2022年6月11日 初版第三刷発行

発行者：神谷弘一
発行・発売：株式会社blueprint
〒150-0043 東京都渋谷区道玄坂1-22-7-5/6F
[編集] TEL 03-6452-5160 FAX 03-6452-5162

印刷・製本：中央精版印刷株式会社

ISBN978-4-909852-27-4 C0073